OS AXIOMAS DE ZURIQUE

Max Gunther

OS AXIOMAS DE ZURIQUE

Tradução de
ISAAC PILTCHER

24ª edição

best.
business
RIO DE JANEIRO – 2025

CIP-BRASIL. CATALOGAÇÃO NA PUBLICAÇÃO
SINDICATO NACIONAL DOS EDITORES DE LIVROS, RJ

Gunther, Max
G985a Os Axiomas de Zurique / Max Gunther; tradução
24ª ed. Isaac Piltcher. – 24ª ed. – Rio de Janeiro: Best Business, 2025.

Tradução de: The Zurich Axioms
ISBN 978-85-68905-15-9

1. Investimentos – Análise. 2. Ações (Finanças).
3. Especulação (Finanças). I. Piltcher, Isaac. II. Título.

16-31777 CDD: 332.63228
CDU: 336.761

Os Axiomas de Zurique, de autoria de Max Gunther.
Texto revisado conforme o Acordo Ortográfico da Língua Portuguesa.
Título original inglês:
THE ZURICH AXIOMS

Publicado originalmente no Reino Unido por Harriman House Ltd. em 2005,
www.harriman-house.com.

Design de capa: Leonardo Iaccarino.

Direitos exclusivos de publicação em língua portuguesa para o Brasil adquiridos pela Best Business, um selo da Editora Best Seller Ltda.
Rua Argentina, 171 – 20921-380 – Rio de Janeiro, RJ – Tel.: (21) 2585-2000, que se reserva a propriedade literária desta tradução.

Impresso no Brasil

ISBN 978-85-68905-15-9

Seja um leitor preferencial Best Business.
Cadastre-se em www.record.com.br
e receba informações sobre nossos lançamentos e nossas promoções.

Atendimento e venda direta ao leitor:
sac@record.com.br

Sumário

Introdução

O que são e como foram criados os Axiomas

Vejam o quebra-cabeça que é a Suíça. Essa minha terra ancestral é um lugarejo pedregoso, com uma área menor que a do estado do Rio de Janeiro. Não tem 1 centímetro de litoral. É uma das terras mais pobres em minerais que se conhece. Não tem uma gota de petróleo que possa chamar de sua e mal consegue um saco de carvão. Quanto à agricultura, o clima e a topografia são inóspitos a quase tudo.

Há trezentos anos a Suíça se mantém fora das guerras europeias, principalmente porque, durante todo esse tempo, não apareceu um invasor sequer que realmente a quisesse.

Com tudo isso, os suíços estão entre as pessoas mais ricas do mundo. Em renda *per capita*, comparam-se aos norte-americanos, alemães e japoneses. Sua moeda é das mais fortes do mundo.

Como conseguem isso?

Conseguem-no porque são os investidores, especuladores e jogadores mais espertos do mundo.

O assunto deste livro é apostar para ganhar.

Isso talvez dê a impressão de que se trata de um livro para todo mundo. Não é. Claro, todo mundo quer ganhar;

mas nem todos querem apostar, e é aí que reside uma diferença da maior importância.

Muita gente, a maioria provavelmente, quer ganhar sem apostar.

Esse é um desejo perfeitamente compreensível, e não há nada de errado com ele. Na verdade, muitos dos mais antigos ensinamentos sobre a Ética do Trabalho frisam bem isso. Dizem-nos que correr riscos é uma tolice. Uma pessoa prudente não corre riscos maiores que os exigidos pelos termos básicos da existência humana. Viver bem é ganhar a vida com o suor do próprio rosto — algo meio aborrecido, talvez, mas seguro. Mais vale um pássaro na mão...

Bem, as regras do jogo são muito claras. Se você é contra o jogo por motivos filosóficos, encontrará pouca coisa útil neste livro — a menos, é claro, que ele mude sua maneira de pensar.

Mas, se não é totalmente contrário a assumir riscos razoáveis — melhor ainda, se gosta de se arriscar, como os suíços gostam —, este livro foi feito para você. *Os Axiomas de Zurique* trata de riscos e de como administrá-los. Se você estudar os Axiomas com a atenção que merecem, eles serão capazes de possibilitar que ganhe mais apostas do que acreditava ser possível.

Vamos falar claro: com eles, você pode ficar rico!

Aqui são abordadas as apostas no sentido mais amplo. Você verá o mercado de ações mencionado com frequência porque é daí que vem a maior parte de minha experiência, mas o livro não se limita a esse grande mercado de sonhos. Os Axiomas se aplicam às especulações com mercadorias, metais preciosos, arte, antiguidades e imóveis; às marchas e contramarchas do dia a dia dos negócios; aos jogos de cassino ou de mesa. Em resumo, os Axiomas se aplicam a qualquer situação em que você arrisque dinheiro visando ganhar mais dinheiro.

Qualquer adulto sabe que a vida é um jogo. Muitos, provavelmente a maioria, sentem-se bastante infelizes com esse fato e passam a vida buscando meios e modos de aceitar o menor número de apostas possível. Outros, porém, fazem justamente o contrário. Entre estes estão os suíços.

Nem todos os suíços exibem esse traço, é claro, mas os que o exibem são grande número. O suficiente, com certeza, para permitir generalizações sobre o caráter nacional dos cidadãos desse país, que não se transformaram nos banqueiros do mundo por ficarem escondidos em quartos escuros, roendo as unhas, mas por enfrentarem riscos de frente, e tratando de descobrir meios de administrá-los.

Do alto de suas montanhas, os suíços olham o mundo à sua volta e veem-no cheio de riscos. Sabem que é possível a uma pessoa reduzir ao mínimo os riscos que corre, mas também sabem que, se fizer isso, tal pessoa estará abandonando toda esperança de vir a ser algo além de um rosto na multidão.

Na vida, para qualquer espécie de ganho — em dinheiro, em estatura pessoal, o que quer que se defina como "ganho" —, você tem de arriscar um pouco de seu capital material e/ou emocional. Tem de comprometer dinheiro, tempo, amor, *alguma coisa*. Essa é a lei do universo. A não ser por pura sorte, não há como escapar. Nenhuma criatura na face da Terra está isenta de obedecer a essa lei impiedosa. Para se tornar borboleta, a lagarta precisa engordar, e é obrigada a se aventurar por onde há passarinhos. Não tem apelação: *é a lei.*

Observando isso, os suíços concluíram que a maneira sensata de levar a vida não é fugindo dos riscos, mas expondo-se deliberadamente a eles. É entrar no jogo. *Apostar.* Mas não à maneira irracional da lagarta. Ao contrário: apostar com cautela e deliberação; apostar de tal maneira que grandes ganhos sejam mais prováveis que grandes perdas — *apostar e ganhar.*

Isso é possível? Com toda a certeza. Existe uma fórmula para consegui-lo. "Fórmula" talvez não seja a palavra adequada, uma vez que sugere ações mecânicas e ausência de opções. Melhor seria dizer "filosofia". Essa fórmula, ou filosofia, consiste de 12 profundas e misteriosas regras para se assumirem riscos, os chamados "Axiomas de Zurique".

Atenção: ao primeiro contato, os Axiomas são um pouco assustadores. Não são do tipo de conselhos sobre investimentos que a maioria dos assessores costuma oferecer. Na realidade, contradizem alguns dos mais estimados clichês da indústria do aconselhamento financeiro.

A maioria dos especuladores suíços bem-sucedidos dá pouca atenção aos conselhos convencionais sobre investimentos. O sistema deles é melhor.

A expressão "Axiomas de Zurique" foi cunhada em um clube de suíços que operavam em mercadorias e ações, e que se estabeleceu à volta de Wall Street, depois da Segunda Guerra Mundial. Meu pai foi um dos fundadores. Bem, não era exatamente um clube, pois não tinha estatutos, não se pagava mensalidade nem havia uma lista de sócios. Era apenas um grupo de homens e mulheres que se davam bem, queriam ficar ricos e partilhavam da convicção de que ninguém jamais ficou rico por meio do salário. Encontravam-se de vez em quando no Oscar's, no Delmonico e em outros bares de Wall Street. Esses encontros continuaram ao longo das décadas de 1950, 1960 e 1970.

Conversavam sobre muitos assuntos, mas principalmente sobre riscos. O trabalho de codificar os Axiomas de Zurique começou com uma pergunta que fiz a meu pai e ele não soube responder.

Meu pai era um banqueiro suíço, nascido e criado em Zurique. Na certidão de nascimento, seu nome era Franz Heinrich; na América, porém, todos o chamavam de Frank Henry. Quando morreu, há alguns anos, os obituários deram grande destaque ao fato de ele dirigir a filial de Nova York do Schweizer Bankverein — o gigante financeiro de Zurique, a União de Bancos Suíços. O trabalho era importante para ele, mas certa vez me disse o que realmente queria gravado em sua lápide: "Ele apostou e ganhou."

Começamos a conversar sobre especulação quando eu ainda estava no ensino médio. Ele pegava o meu boletim e reclamava que a grade curricular era incompleta:

"Não ensinam aquilo de que você mais precisa: especulação. Como correr riscos e ganhar. Um garoto se criar na América sem saber especular... nossa... é o mesmo que estar em uma mina de ouro e não ter uma pá."

Quando eu estava na faculdade, e depois, prestando serviço militar, tentando decidir o que fazer na vida, escolhendo qual carreira seguir, Frank Henry dizia:

"Não pense apenas em termos de salário. Ninguém fica rico com salário, e há muita gente que fica pobre. Tem que ter mais do que isso. Algumas boas especulações, é disso que você precisa."

Enfim, uma conversa tipicamente suíça. O fato é que absorvi essas coisas como parte de minha educação. Quando dei baixa, com algumas centenas de dólares de soldos atrasados e ganhos de pôquer, segui os conselhos de Frank Henry e passei longe das cadernetas de poupança, pelas quais ele nutria o mais profundo desprezo. O dinheiro foi para a Bolsa de Valores. Ganhei um pouco, perdi um pouco, e acabei saindo mais ou menos como havia entrado.

Enquanto isso, na mesma Bolsa, Frank Henry fazia um carnaval. Entre outros negócios, ganhou uma fábula em ações de minas de urânio no Canadá, loucamente especulativas.

"Como se explica isso?", perguntei, chateado. "Eu invisto com toda a prudência e não acontece nada. Você compra pastagens de alces e fica rico. Há algo que não estou percebendo?"

"É preciso saber fazer a coisa", disse ele.

"Tudo bem. Então, me ensine."

Meu pai ficou me olhando, calado, pensativo.

Como fiquei sabendo depois, o que ele tinha na cabeça eram regras do jogo especulativo, absorvidas ao longo de uma vida inteira. São regras que pairam no ar, entendidas, mas raramente enunciadas, nos círculos de banqueiros e especuladores suíços. Tendo vivido nesses círculos desde que conseguira seu primeiro emprego como auxiliar de escritório, aos 17 anos, Frank Henry tinha tais regras entranhadas nos ossos. Mas não era capaz de especificá-las, nem de me explicar como funcionavam.

Conversou a respeito com outros suíços que também operavam em Wall Street. Esses seus amigos tampouco sabiam exatamente quais regras eram essas. Mas, a partir desse momento, tomaram para si a tarefa de isolá-las e classificá-las em suas mentes. Começou como uma brincadeira, mas, à medida que os anos se passavam, a coisa foi ficando mais séria.

Criaram o hábito de questionar a si próprios e uns aos outros sobre as manobras especulativas mais importantes:

"Por que está comprando ouro *agora*?", "O que o fez vender essa ação quando está todo mundo comprando?", "Por que está fazendo *isto*, e não *aquilo*?"... Obrigavam-se, mutuamente, a elaborar as ideias que os guiavam.

A lista de regras foi evoluindo aos poucos. Foi ficando menor, e as regras mais aguçadas, mais bem-formuladas, com o passar do tempo. Ninguém se recorda quem criou a expressão "Axiomas de Zurique", mas foi assim que as regras se tornaram conhecidas até hoje.

Nos últimos anos, os Axiomas não mudaram muito. Cessaram de evoluir. Como se sabe, estão hoje em sua forma final: 12 Grandes Axiomas e 16 Axiomas Menores.

O valor deles me parece incalculável, e aumenta a cada vez que os estudo — um sinal seguro de sua verdade fundamental. São ricos em camadas secundárias e terciárias de significado; alguns são friamente pragmáticos, enquanto outros beiram o misticismo. Não são apenas uma filosofia da especulação: são marcos para uma vida de sucesso.

E enriqueceram muita gente.

1. O 1º Grande Axioma: DO RISCO

Preocupação não é doença, mas sinal de saúde. Se você não está preocupado, não está arriscando o bastante.

Há muitos anos, duas jovens formadas pela mesma universidade resolveram buscar juntas as suas fortunas. Foram para Wall Street e trabalharam em diversos empregos. Ambas acabaram como funcionárias da E. F. Hutton, uma das maiores corretoras do mercado. Foi assim que conheceram Gerald M. Loeb.

Falecido há anos, Loeb foi um dos mais respeitados assessores de investimentos do mercado. Aquele gênio calvo era um veterano das diabólicas baixas da década de 1930 e das fantásticas altas que se seguiram à Segunda Guerra Mundial. E, ao longo disso tudo, manteve a cabeça fria. Nasceu pobre, morreu rico. Seu livro *The Battle for Investment Survival* [*A batalha pela sobrevivência em investimentos*, em tradução livre] talvez seja a cartilha mais popular sobre estratégia de mercado já escrita. É, com certeza, das que se leem com o maior prazer, pois Loeb era um contador de histórias nato.

Ele contou a história das duas jovens certa noite, quando jantávamos em um restaurante perto da Bolsa. Chamava a atenção para um aspecto, que Loeb achava importante assinalar, a respeito de correr riscos.

Tímidas, as jovens o procuraram pedindo conselhos sobre investimentos. Foram conversar com ele em diferentes ocasiões, mas Loeb sabia que eram muito amigas e, com certeza, comparariam o que lhes dissesse. No começo, a situação financeira das duas era idêntica. Haviam iniciado carreiras promissoras e, em questões de salário e de status, faziam progressos modestos. Seus salários começavam a ser mais do que precisavam para cobrir as necessidades básicas de suas vidas. A cada ano, depois do acerto com o Imposto de Renda, sempre sobrava alguma coisa. Embora não fosse muito, era o suficiente para deixá-las preocupadas acerca de onde investir tais economias, pois, ao que tudo indicava, no futuro haveria mais. Perguntaram a Gerald Loeb o que fazer.

Tomando chá com torradas em um de seus lugares favoritos, o paternal Loeb tentou lhes explicar as diferentes possibilidades. Rapidamente, porém, tornou-se evidente que ambas já haviam decidido. O que procuravam era tão somente a confirmação de que estavam certas.

Ao contar essa história, Loeb, maliciosamente, chamava uma de Sylvia, a Sóbria, e a outra de Mary, a Louca. Em termos financeiros, a ambição de Sylvia era encontrar o abrigo da segurança absoluta. Queria seu dinheiro em uma conta remunerada ou em outra espécie de poupança que lhe garantisse retorno e preservação do capital. Mary, por outro lado, aceitava certos riscos, esperando fazer crescer seu pouco capital de forma mais significativa.

Levaram adiante suas respectivas estratégias. Um ano depois, Sylvia tinha seu capital intacto, os juros e uma gostosa sensação de segurança. Mary andava toda esfolada. Tomara uma surra em um mercado tumultuado. Desde a compra inicial, suas ações haviam caído cerca de 25%.

Sylvia foi generosa o bastante para não espezinhar a outra com um "Eu não disse?". Ao contrário, mostrou-se horrorizada:

"Que coisa terrível!", exclamou, ao tomar conhecimento das desventuras da amiga. "Nossa, você perdeu um quarto do seu dinheiro! Que horror!"

Como acontecia às vezes, os três almoçavam juntos. Loeb observava Mary com toda a atenção. Ficou quieto, à espera da reação dela às manifestações de solidariedade de Sylvia. Temia que as primeiras perdas desencorajassem Mary, fazendo-a sair do jogo, como acontece com muitos especuladores neófitos. ("Todos esperam grandes ganhos instantâneos", dizia ele, lamentando-se. "Quando não triplicam o dinheiro no primeiro ano, saem batendo portas como crianças mimadas.") Mary, porém, tinha garra. Sem se abalar, sorriu:

"Pois é... tive prejuízo. Mas veja só o que mais eu consegui..." Reclinou-se sobre a mesa, aproximando-se da amiga: "Sylvia, *eu estou vivendo uma aventura*!"

A maioria das pessoas se agarra à segurança como se fosse a coisa mais importante do mundo. E a segurança parece ter muito a seu favor. Faz com que a pessoa se sinta protegida; é como estar sobre uma cama quentinha em noite de inverno. Cria uma sensação de tranquilidade.

A maioria dos psicólogos e psiquiatras da atualidade diria que isso é bom. Uma das principais convicções da psicologia moderna é que a sanidade mental significa, acima de tudo, manter-se calmo. Essa pouco examinada convicção domina, há décadas, o pensamento analítico. Um dos primeiros livros a tratar desse dogma chama-se *How to Stop Worrying and Start Living* [*Como evitar preocupações e começar a viver*, em tradução livre], enquanto *The Relaxation Response* [*A reação relaxada*, em tradução livre] é um dos mais recentes. Os analistas garantem que as preocupações nos fazem mal. Eles não oferecem nenhuma prova confiável de que tal assertiva seja verdadeira. Ela se transformou em verdade aceita simplesmente por ser repetida infinitas vezes.

Os devotos de disciplinas místicas e meditacionais, especialmente as asiáticas, vão mais longe. Valorizam tanto a tranquilidade que, em muitos casos, estão dispostos até a suportar a pobreza em seu nome. Algumas seitas budistas, por exemplo, afirmam que não se deve lutar pela posse de bens materiais e que a pessoa deve até abrir mão dos que possui. A teoria diz que, quanto menos o indivíduo tiver, menos terá com que se preocupar.

É claro que a filosofia dos Axiomas de Zurique diz exatamente o oposto. Libertar-se de preocupações pode até ser uma coisa boa, em certo sentido. Mas qualquer bom especulador suíço lhe dirá que, se seu principal objetivo na vida é fugir das preocupações, você nunca deixará de ser pobre.

E vai morrer de tédio.

A vida é para ser vivida como uma aventura, e não de maneira vegetativa. E é possível definir aventura como um episódio no qual se enfrenta algum tipo de risco e se procura superá-lo. Ao enfrentar riscos, sua reação natural, sadia, será a de entrar em um estado de preocupação.

Preocupações são parte integrante dos grandes prazeres da vida. Casos de amor, por exemplo. Se você teme se comprometer e assumir riscos, jamais se apaixonará. Sua vida será calma como um lago azul, mas quem quer viver assim? Outro exemplo: os esportes. Um acontecimento esportivo é um episódio no qual os atletas e, por tabela, os espectadores se expõem a riscos — com os quais se preocupam loucamente. Para a maioria dos espectadores, é uma pequena aventura, mas, para os atletas, trata-se de uma aventura de grandes proporções. É uma situação em que o risco é cuidadosamente criado. Nós não iríamos assistir a eventos esportivos, nem a qualquer outra competição, se não nos dessem alguma forma de satisfação básica. Precisamos de aventuras.

Às vezes, talvez precisemos também de tranquilidade. Mas isso não nos falta à noite, quando dormimos, nem em algumas horas que passamos acordados, na maioria dos dias. Em 24 horas, oito ou dez de tranquilidade deveriam ser suficientes.

Sigmund Freud compreendia a necessidade de aventura. Embora se mostrasse confuso com o "objetivo" da vida e tivesse tendência a se perder em incoerências quando tratava do assunto, ele não tinha a improvável convicção de que o objetivo da vida é ter calma. Muitos de seus discípulos acreditavam nisso, mas não ele. Na realidade, fazia até algum esforço para ridicularizar a ioga e outras disciplinas psicorreligiosas asiáticas, que considerava as expressões máximas da escola de sanidade mental que tem o "mantenha a calma" por princípio. Na ioga, o objetivo é alcançar a paz interior à custa de tudo mais. Como Freud observou em *O mal-estar na civilização,* qualquer pessoa que alcance plenamente os objetivos de uma tal disciplina "sacrificou sua vida". Em troca de quê? "Terá apenas alcançado a felicidade da quietude."

Parece mau negócio.

A aventura é que dá sabor à vida. E a única maneira de viver uma aventura é expondo-se a riscos.

Gerald Loeb sabia disso. Daí não poder aprovar a decisão de Sylvia, a Sóbria, de pôr seu dinheiro na poupança.

Mesmo quando os juros estão relativamente mais altos, qual é o lucro? No começo do ano, você entrega US$100 ao banqueiro. No fim do ano, ele lhe devolve US$109. Grande vantagem! Fora a chatice.

É bem verdade que, em qualquer país civilizado, em um banco sério, seus US$100 estão seguros. A menos que ocorra uma grande calamidade econômica, você não perderá nada. No decorrer do ano, os juros podem baixar um pouquinho, mas o banqueiro jamais lhe devolverá *menos* que os US$100 originais. Mas onde está a graça? Onde está o desafio? Onde está a emoção?

E, principalmente, onde está a esperança de ficar rico?

Além do mais, sobre os juros — os US$9 —, cobra-se imposto de renda. O que sobrar deve dar para empatar com a inflação, quando muito. Desse modo, você jamais conseguirá qualquer mudança substancial em sua situação financeira.

Tampouco ficará rico com salário. É impossível. A estrutura econômica mundial está montada contra você. Se um emprego for a base de seu sustento, o máximo que você pode esperar é passar pela vida sem ter de mendigar um prato de comida. E nem isso é garantido.

Por mais estranho que possa parecer, a maioria dos homens depende exatamente de salários e de alguma economia a que possa recorrer em caso de emergência Frank Henry vivia se irritando com o fato de a classe média ser inexoravelmente empurrada nessa direção, por questão de educação e de condicionamento social.

"Nem a criançada escapa", costumava resmungar. "Professores, pais, orientadores, todo mundo fica martelando na cabeça da criança: faça seu dever ou não vai arranjar um bom emprego. Um bom emprego... Como se isso fosse a ambição máxima de um ser humano. E por que não uma boa especulação? Por que não falam com as crianças a respeito disso?"

Eu fui uma criança com quem falaram — e muito — a respeito. A regra básica de Frank Henry dizia que só metade do potencial de uma pessoa deveria ser aplicada em ganhar um salário; a outra metade, em investimentos e especulações.

Porque a pura verdade é a seguinte: a menos que você tenha pais ricos, a única maneira de sair da pobreza — *sua única esperança* — é submeter-se a riscos.

Certo, é claro, trata-se de uma via de mão dupla. Assumir riscos implica a possibilidade de perda, em vez de ganho. Ao especular com seu dinheiro, você se arrisca a perdê-lo; em vez de acabar rico, pode acabar pobre.

Mas veja as coisas por outro ângulo: como um assalariado comum, perseguido pelo imposto de renda e arrasado pela inflação, carregando boa parte do mundo em seus pobres ombros, sua situação financeira, de qualquer forma, já é uma droga. Então, que diferença faz, realmente, se ficar um pouquinho mais pobre, na tentativa de se tornar mais rico?

E, tendo os Axiomas de Zurique como parte de seu equipamento, é improvável que fique mais pobre. O que você tem é a chance de se tornar muito mais rico. Há mais espaço para subir do que para descer, e, aconteça o que acontecer, você, pelo menos, estará vivendo uma aventura. Com o potencial de ganho tão maior que o de perda, o jogo está armado a seu favor.

As amigas de Gerald Loeb, Sylvia e Mary, ilustram o que pode acontecer. Na última vez que soube delas, estavam com 50 e poucos anos. Ambas haviam se casado e divorciado, e ambas continuavam a administrar suas finanças da maneira como haviam conversado com Loeb, no começo de suas carreiras.

Sylvia pusera todas as suas economias em poupança, CDBs, títulos municipais isentos de impostos e outros abrigos "seguros". Os títulos municipais não eram tão seguros quanto lhe haviam dito, pois, durante a louca e inesperada subida das taxas de juros, na década de 1970, todos perderam boa parte de seu valor. A poupança e os CDBs mantiveram intacto o resto de seu capital, mas a inflação de dois dígitos na década de 1970, igualmente inesperada, desgastou desastrosamente o poder de compra do dinheiro de Sylvia.

Seu melhor negócio, enquanto estava casada, foi a compra de uma casa. Ela e o marido eram coproprietários. Quando se divorciaram, acertaram a venda da casa, dividindo meio a meio o apurado. O imóvel havia valorizado muito ao longo do tempo, e ambos saíram com bem mais do que haviam investido.

Ainda assim, Sylvia não estava rica, longe disso. Depois do divórcio, voltou a trabalhar em uma corretora, e está obrigada a continuar trabalhando até atingir a idade da aposentadoria, quando passará a receber uma pensão. Não será grande coisa, mas não poderá prescindir dela, porque o que tem não é suficiente para garantir sua velhice. Sylvia organizou sua vida financeira em torno do salário como principal sustento. Não morrerá de fome, provavelmente, mas sempre terá de pensar duas vezes antes de comprar em um par de sapatos. Com seus gatinhos de estimação, passará o resto da vida em um conjugado, que nunca será aquecido o bastante no inverno.

Quanto a Mary, está rica.

Como qualquer um que não seja maluco, ela sempre se preocupou com a segurança de seu capital, mas jamais permitiu que essa preocupação se impusesse a tudo mais em sua filosofia financeira. Assumiu riscos. Passado o penoso começo, alguns riscos começaram a produzir resultados. Ganhou muito dinheiro na excelente fase da Bolsa, na década de 1960, mas o que garantiu realmente suas especulações foi o ouro.

Os norte-americanos puderam começar a usar o metal amarelo como investimento em 1971, quando o então presidente Nixon rompeu o elo oficial entre ouro e dólar. Até então, o preço do ouro era imóvel — US$35 a onça *troy*. Com a decisão de Nixon, o preço disparou, mas Mary andou rápido. Contra os conselhos de inúmeros assessores financeiros conservadores, comprou contratos do metal a preços entre US$40 e US$50 a onça.

Antes do final da década, o preço atingiu US$875. Mary vendeu a maior parte do que havia comprado a preços em torno dos US$600. Até então, gozara de uma situação financeira confortável; daí em diante, estava rica.

É proprietária de uma casa, um apartamento na cidade e outro em uma ilha do Caribe. Passa boa parte do tempo viajando — de primeira classe, é óbvio. Há muito tempo largou o emprego. Como conversara com Gerald Loeb, o salário era um detalhe em seu quadro financeiro. Os dividendos que recebia sempre foram maiores que seu salário.

Parecia-lhe desproporcional, então, passar cinco de cada sete dias ganhando aquela miséria.

É verdade que ao longo dos anos os assuntos financeiros deram muitas preocupações a Mary; provavelmente, preocupações bem maiores do que Sylvia jamais conheceu. Em sua pobre velhice, isso talvez vá servir de algum consolo para Sylvia. Ela jamais teve de ir dormir sem saber se estaria pobre ou rica na manhã seguinte. Sempre fora capaz de fazer alguma estimativa sobre sua situação financeira no ano seguinte, ou dali a dez anos. Seus cálculos nem sempre foram corretos, principalmente naqueles anos em que os títulos municipais andaram derretendo feito gelo ao sol; o fato, porém, é que suas estimativas eram aproximadas. Isso deve ter sido um grande conforto.

Em contraste, durante os anos em que esteve acumulando sua fortuna, Mary só era capaz de fazer os palpites mais disparatados sobre seu futuro. Houve, com toda a certeza, noites em que dormiu muito mal, ou nem dormiu. Houve épocas em que andou apavorada.

Mas vejam qual foi seu retorno.

Muitos dos mais célebres operadores de Wall Street jamais esconderam que um estado de preocupação quase permanente é parte de seu estilo de vida. Poucos, porém, dizem isso em tom de queixa. Ao contrário, falam quase com alegria. *Gostam* do modo como vivem.

Desses especuladores, um dos mais famosos foi Jesse Livermore, que brilhou em Wall Street no começo do século XX. Alto, boa-pinta, com os cabelos muito louros, onde aparecia atraía multidões. As pessoas viviam lhe pedindo dicas de investimentos, e ele era permanentemente perseguido por repórteres de jornais e revistas que tentavam arrancar dele qualquer dito sábio. Certo dia, um jovem jornalista, muito sério, perguntou-lhe se, considerando toda a luta e as tensões para chegar lá, valia a pena ser milionário. Livermore respondeu que gostava muito de dinheiro, de forma que, sim, para ele valia a pena. Mas o repórter insistiu: não havia noites que um especulador em ações passava sem dormir? Vale a pena a vida, quando se passa o tempo todo preocupado?

"Olha aqui, rapaz, ouça bem", disse Livermore. "Toda atividade tem seus problemas, seus apertos. Se você cuidar de abelhas, vai levar ferroadas. No meu caso, são as preocupações. É aceitá-las ou continuar pobre. Se eu puder escolher entre preocupações e pobreza, sempre vou preferir as preocupações."

Livermore, que alcançou e perdeu quatro imensas fortunas especulando na Bolsa, não apenas aceitava o estado de preocupação, como também parecia apreciá-lo. Certa noite, ele e Frank Henry estavam bebendo em um bar quando Livermore lembrou-se, de repente, que tinham um jantar. Telefonou para a anfitriã, apresentou suas envergonhadas desculpas, pediu mais um drinque e explicou a Frank Henry que costumava ficar distraído e esquecido quando estava no meio de uma jogada delicada no mercado. Frank observou que, tanto quanto havia reparado, jamais houvera um momento em que Livermore *não estivesse* envolvido em uma jogada delicada no mercado. Livermore concordou na hora. Em determinado momento, se não estivesse metido em uma jogada, preocupava-se com meia dúzia delas que estava armando para a semana seguinte.

Admitia que se preocupava o tempo todo com suas especulações, até dormindo. Mas dizia que achava bom:

"É como eu gosto. Acho que não me divertiria nem a metade do que me divirto se soubesse sempre como seria rico no dia seguinte."

Frank Henry nunca se esqueceu dessas palavras e, décadas mais tarde, ainda as citava. Isso é o que expressa a filosofia do 1º Grande Axioma. Infelizmente, Jesse Livermore não dispôs de todos os outros Axiomas para socorrê-lo, e sua história não teve um final feliz. Mais adiante voltaremos a falar dele.

Toda essa conversa acerca de riscos e preocupações pode dar a impressão de que a vida de um especulador se passa à beira de um precipício. Não é verdade. É certo que há momentos em que você sente os pelos arrepiados, mas são raros e geralmente não duram muito. Durante a maior parte do tempo você tem preocupações suficientes apenas para dar algum sabor à vida. O nível de risco de que estamos falando não é muito alto.

Virtualmente, todas as jogadas financeiras que visam o lucro envolvem riscos, o indivíduo se dizendo especulador ou não. A única forma praticamente sem riscos de lidar com dinheiro é colocá-lo em contas remuneradas em bancos, comprar títulos do governo norte-americano* ou guardá-lo em uma forma qualquer de poupança. Mas já vimos bancos quebrarem. Se o banco que guarda seu dinheiro quebrar, você será ressarcido pela Federal Deposit Insurance Corporation (Empresa Federal de Seguros de Depósitos), mas só depois de longa demora, e sem juros. De repente, se uma dúzia de bancos explodissem ao mesmo tempo, numa espécie de catástrofe econômica nacional, nem a FDIC seria capaz de honrar seus compromissos. Quebraria junto. Numa situação dessas, ninguém sabe o que aconteceria com os depositantes. Felizmente, as chances de que esse pesadelo ocorra são

*O autor se refere o tempo todo ao mercado norte-americano. (*N. do T.*)

mínimas. Uma conta em um banco norte-americano, neste mundo cheio de turbulências, é o mais perto que se pode chegar de um investimento praticamente sem riscos.

Contudo, exatamente porque o risco é baixo, o retorno é igualmente baixo. À cata de resultados melhores, homens de ânimo aquisitivo aplicam seu dinheiro em outras jogadas, mais arriscadas. No entanto, por mais estranho que possa parecer, a maioria faz isso sem admitir que é o que está fazendo. Faz de conta que age com muita prudência e sensatez. Não está assumindo riscos, não está especulando, não está... psiu, fale baixinho a palavra... *jogando*. Não, eles estão *investindo*.

Vale a pena explorarmos as supostas diferenças entre investir e especular. Isso pode estar atrapalhando você na assimilação do 1º Grande Axioma. Nós, os estudiosos dos Axiomas de Zurique, nos chamamos, francamente, de especuladores. Você pode ficar com a impressão de que estamos lhe dizendo, ou de que viremos a lhe dizer, que corra riscos loucos e impensados. Pode lhe agradar mais a ideia de "investir" que a de especular. Ser um "investidor" parece mais seguro.

Na realidade, porém, não existe diferença nenhuma. Como dizia Gerald Loeb, que não tinha papas na língua:

"Todo investimento é especulação. A única diferença é que alguns admitem isso e outros, não."

Pessoas que se oferecem para aconselhá-lo na administração de seu dinheiro quase sempre se apresentam como assessores de "investimentos", não de especulações. Parece mais sério, impressiona mais, além de permitir cobrar mais pelos serviços. Toda a imprensa especializada, dos boletins informativos às principais revistas que cobrem as várias áreas de especulação, quase sempre se identificam como publicações sobre "investimentos". Mas todas, exatamente como o fazem os Axiomas de Zurique, tratam de especulação.

Existe até um tipo de papel que os especialistas financeiros gostam de chamar de "investimento-padrão". Passa uma ideia de grande dignidade, assusta um pouco e dá a impressão de muita segurança.

Falando desses papéis com a apropriada solenidade, um desses assessores é capaz de convencer um novato de que se trata, afinal, do longamente buscado investimento de alto rendimento e sem riscos.

As ações da IBM, por exemplo. Não há papel mais *blue*. Em Wall Street, a IBM é apelidada de "Big Blue".* Um investimento-padrão como IBM não tem erro, não é verdade?

Pois é, mas tem. Se houvesse comprado IBM em 1973, quando o papel atingiu o pico e todos os assessores de investimento do mundo o empurravam, você teria de esperar nove anos para recuperar o capital. Teria sido melhor negócio guardar seu dinheiro em um pé-de-meia.

Por mais digno que pareça, não existe investimento sem risco. Para mais um exemplo, tomemos a General Motors. É outra ação que, em geral, aparece na lista dos corretores como investimento-padrão. Estava em todas as listas, em 1971, quando todo mundo achava que a GM seria a dona do mundo. Todos diziam que, com ela, não havia nada de especulativo. Era o tipo do papel que os inventariantes mais conservadores compravam para viúvas e órfãos. Era *investimento*.

Mas algo de errado aconteceu com esse investimento-padrão. Se tivesse comprado em 1971, no pico, *15 anos depois* você ainda estaria esperando o retorno de seu capital.

**Blue:* literalmente, "azul". No jargão de Wall Street, *blue chips* são as ações de primeira linha. A IBM é de *primeiríssima* linha, é a Big Blue. (*N. do T.*)

Chamar uma operação de "investimento" não modifica os fatos: uma jogada será sempre uma jogada. Era de se esperar que tivessem aprendido isso na debacle de 1929, quando todo mundo viu que Wall Street não passava de uma gigantesca mesa de roleta, engolindo o dinheiro dos jogadores com espantosa velocidade. As histórias sobre papéis que eram investimentos-padrão em 1929 são de chorar. A New York Central Railroad custava US$257, três anos depois estava a US$9; a Radio Corporation, ancestral da RCA, caiu de US$574 para US$12, enquanto uma GM, então bem mais jovem, despencava de US$1.075 para US$40.

Como dizia Loeb, todo investimento é especulação. Você traz seu dinheiro e corre os riscos. Quer esteja apostando em GM ou em qualquer outra coisa, é um especulador. Melhor admiti-lo. Não faz sentido tentar se iludir. De olhos bem abertos, você consegue entender melhor o mundo.

Os Axiomas de Zurique tratam de especulação, e não escondem esse fato. Isso não significa que tratam de riscos assumidos loucamente. Quer dizer apenas que são muito francos.

1º AXIOMA MENOR

Só aposte o que valer a pena.

Um antigo clichê diz que "só se deve apostar o que se possa perder".

Ouve-se isso em Las Vegas, em Wall Street e onde quer que se arrisque dinheiro em busca de mais dinheiro. Lê-se a mesma coisa em livros que oferecem conselhos sobre investimentos e administração financeira do tipo convencional. É tão repetido, em tantos lugares, que acabou adquirindo uma aura de verdade, exatamente como os clichês psicanalíticos sobre manter a calma.

Antes, porém, de incluí-lo em seu instrumental especulativo, é melhor estudá-lo com cuidado. Como a maioria das pessoas o interpretam, é uma fórmula que praticamente garante maus resultados.

O que será uma soma "que se possa perder"? A maioria talvez a definisse como "uma soma que, se eu perder, não vai doer". Ou "uma soma que, se eu perder, não representará diferença significativa em meu bem-estar financeiro".

Em outras palavras, US$1, US$2 ou US$20, ou algumas centenas. Essas são as quantias que a maior parte da classe média consideraria "perdível". Em consequência, é com esse tipo de dinheiro que a maioria da classe média especula, se é que o faz.

Mas veja bem: se apostar US$100 e dobrar o dinheiro, você continuará pobre.

A única maneira de derrotar o sistema é apostando quantias que valham a pena. Claro, isso não significa que deve jogar com somas que, perdidas, levariam você à bancarrota. Afinal de contas, há o aluguel a pagar, as crianças precisam comer. Mas significa, isso sim, que tem de superar o medo de se machucar.

Se a quantia for tão pequena a ponto de sua perda não representar diferença significativa, o mais provável é que tampouco trará ganhos significativos. A única maneira de ganhar muito apostando pouco é correr atrás de uma possibilidade em milhões. Você pode, por exemplo, comprar um bilhete de loteria por US$1 e ganhar US$1 milhão. É gostoso sonhar com isso, mas, de tão grandes, as probabilidades contrárias causam depressão.

No curso normal de uma jogada especulativa, você tem de começar disposto a se machucar, nem que seja só um pouquinho.

Talvez prefira começar modestamente e, à medida que for ganhando experiência e confiança na solidez de sua psique, ir aumentando a dose de preocupação. Cada especulador acaba encontrando o próprio nível de tolerância a riscos. Alguns, como Jesse Livermore, apostam com tamanha ousadia que são capazes de quebrar com espantosa rapidez — o que, conforme já vimos, com Jesse ocorreu quatro vezes. Seu nível de risco era tão elevado que assustava os outros especuladores, inclusive os mais calejados. Frank Henry, cujo nível de risco era mais baixo, costumava analisar as jogadas de Jesse e chegar em casa balançando a cabeça, cheio de espanto:

"O homem é louco!", dizia.

Certa vez, ele calculou que, se todas as suas especulações explodissem em sua cara de uma vez, em um único e imenso cataclismo, quando a poeira assentasse, ele estaria valendo mais ou menos a metade do que valia ao começar.

Perderia 50%. De outro ponto de vista, preservaria 50%. Era esse o nível de tolerância à preocupação que ele escolhera.

Outro que acreditava em apostas que valessem a pena era J. Paul Getty, um dos reis do petróleo. Sua história é instrutiva. A maioria das pessoas parece pensar que ele herdou sua imensa fortuna do pai, ou que, pelo menos, herdou o começo dela. A verdade é bem outra. J. Paul Getty fez fortuna sozinho e começou como um especulador comum, de classe média, como você e eu.

Ficava irritadíssimo quando diziam que havia recebido a vida em uma bandeja de prata.

"De *onde* vem essa ideia?", certa vez gritou ele para mim exasperado. (Havíamos nos encontrado na sede da *Playboy*. Ele era acionista da empresa, durante alguns anos foi editor de economia da revista e nela publicou 34 artigos. Era sua maneira de relaxar quando não estava ganhando rios de dinheiro.)

Finalmente, Getty concluiu que era a imensidão de sua fortuna que fazia quase todo mundo pensar de maneira precipitada e errada. As pessoas, evidentemente, achavam difícil acreditar que um homem sozinho pudesse começar com uma soma modesta, padrão classe média, e transformá-la em US$1 bilhão.

Pois foi exatamente o que J. Paul Getty fez. A única vantagem que teve sobre você ou sobre mim foi que começou no início do século, quando tudo custava mais barato e não existia imposto de renda. Além de alguns modestos empréstimos, não levou um tostão do pai, homem frio e intimidante. E os empréstimos foram cobrados nos prazos estabelecidos, não valendo desculpas de qualquer natureza. A coisa mais valiosa que Getty recebeu do pai foi instrução, não dinheiro.

George F. Getty era um advogado de Minneapolis, especulador autodidata, que acertou na mosca na corrida do petróleo em Oklahoma, no início do século, e criou regras que se parecem um pouco com alguns dos Axiomas de Zurique. Era um homem sério, de inabaláveis convicções plantadas na Ética do Trabalho. Como J. Paul escreveria depois, na *Playboy:* "George F. não admitia a ideia de que o filho de um homem rico devesse ser mimado, estragado, ou que recebesse dinheiro de presente quando já tivesse idade suficiente para ganhar sua própria vida." Assim, J. Paul teve de sair em busca de sua própria fortuna.

No começo, achou que queria ser diplomata ou escritor, mas a paixão do pai pela especulação estava em seu sangue. Foi atraído para Oklahoma, para o petróleo. Trabalhando nos campos, juntou algumas centenas de dólares. À medida que suas economias cresciam, crescia também sua vontade de arriscá-las.

Foi então que ele demonstrou compreender o princípio básico do 1º Axioma Menor. Aprendera-o com o pai: *Só aposte o que valer a pena.*

Com US$50, ou até menos, poderia ter se associado a algum negócio. Não faltavam oportunidades desse tipo. Os campos de petróleo andavam cheios de independentes e de grupos de especuladores que precisavam de dinheiro para continuar perfurando poços. Por uns poucos dólares, vendiam parcelas mínimas de suas operações a qualquer um. Mas Getty sabia que, com essas participações minúsculas, nunca ficaria rico.

Saiu atrás de coisa maior. Perto da vila de Stone Bluff encontrou um especulador oferecendo 50% de um direito de prospecção sobre uma área que Getty considerou promissora. Resolveu arriscar. Ofereceu US$500 pelo negócio, quase tudo que tinha. Ninguém ofereceu mais, e J. Paul Getty, assim, acabava de ingressar oficialmente no ramo do petróleo.

Em janeiro de 1916 o primeiro poço-teste da área mostrou-se um sucesso: mais de 700 barris/dia. Pouco depois, Getty vendeu sua parte por US$12 mil, e foi desse modo que sua fabulosa fortuna começou.

"Claro que tive sorte", diria ele, anos mais tarde, recordando sua primeira jogada. "Podia ter perdido. Mas, mesmo que isso houvesse acontecido, não teria modificado minha convicção de que aquele era o risco a correr. Ao assumir tal risco (e não era pequeno, devo admitir), eu estava me dando a possibilidade de alcançar algo interessante. Possibilidade, veja bem, *esperança*. Se houvesse recusado a oportunidade, não teria tido a esperança."

Ele ainda acrescentou que, se tivesse perdido, não teria sido o fim de seu mundo. Simplesmente voltaria a cavar algum dinheiro, e tentaria de novo.

"Me parecia, então, que eu tinha muito mais a ganhar do que a perder", recordaria Getty. "Se ganhasse, seriam várias maravilhas juntas. Se perdesse, doeria, mas não seria grande coisa. O caminho a tomar parecia claro. O que você teria feito?"

2º AXIOMA MENOR

Resista à tentação das diversificações.

Diversificação. Examinemos o que quer dizer essa palavra, e como ela pode afetar seus esforços para ficar rico.

No sentido empregado pela comunidade de investimentos, significa espalhar o dinheiro. Esticá-lo ao máximo. Colocá-lo em uma porção de pequenas especulações, e não em umas poucas e grandes.

Segurança: essa é a ideia por trás da atitude. Seis de seus investimentos dando em nada, talvez outros seis deem em alguma coisa. Se a U-Lá-Lá Eletrônica falir e sua ação cair para US$0,03, é possível que sua especulação com a Oba-Oba Computadores alcance melhor resultado. E se tudo desabar, ao menos seus títulos municipais talvez se valorizem, mantendo-o à tona.

A ideia é essa. Na ladainha dos aconselhamentos convencionais de investimentos, "uma carteira diversificada" está entre os objetivos mais procurados e reverenciados. Só uma coisa é melhor: uma carteira diversificada apenas de investimentos-padrão. Se é isso que você tem, então está com tudo!

É o que eles gostam de dizer. O fato é que a diversificação, ao reduzir os riscos, reduz também, na mesma medida, qualquer esperança que você possa ter de ficar rico.

A maior parte de nós, aventureiros de classe média, começa as proezas especulativas com um capital limitado. Digamos que você dispõe de US$5 mil e quer que seu bolo cresça. O que vai fazer com seu dinheiro? A sabedoria convencional manda diversificar. Fazer dez apostas de US$500 cada. Seriam, por exemplo, US$500 de GM, já que a indústria automobilística parece estar em uma boa fase; US$500 no *open*, para o caso de as taxas subirem; US$500 em ouro, para cobrir a possibilidade de tudo mais dar errado e assim por diante. Pronto: todas as eventualidades estão cobertas. Dá um quentinho na barriga, não dá? Você está protegido de praticamente todos os perigos — inclusive do perigo de enriquecer.

A diversificação tem três grandes defeitos:

1. Obriga-o a violar o preceito do 1º Axioma Menor, de que se devem sempre fazer apostas que valham a pena. Se todo o seu capital inicial já não é grande coisa, diversificá-lo só piora. Quanto mais se diversifica, menores se tornam as especulações. Levada a situação a extremos, você pode acabar com quantias que realmente não valem nada.

   Como observamos no 1º Axioma Menor, um grande ganho sobre um capital pequeno nos deixa praticamente no ponto em que começamos: pobres. Digamos que Oba-Oba Computadores tenha sido brilhante, e o preço da ação dobrou. Quanto você ganhou? Quinhentas pratas. Não é por aí que você vai atingir as alíquotas mais altas do imposto de renda.

2. Ao diversificar, você cria uma situação em que, provavelmente, ganhos e perdas acabam se cancelando e deixando-o exatamente onde começou — no Ponto Zero.

Você comprou dois papéis que, digamos, não eram exatamente investimentos-padrão: Oba-Oba Computadores e U-Lá-Lá Eletrônica. Se as duas empresas fossem abençoadas, e viessem a disparar, pensou você, suas ações subiriam. Tudo bem, digamos que tenha acertado os palpites. As empresas prosperaram e lhe proporcionaram um ganho de US$200 em cada especulação de US$500.

Na hora em que você estava comprando a U-Lá-Lá e a Oba-Oba, porém, seu conselheiro de investimentos solenemente o alertou de que era melhor se proteger de riscos, por meio da diversificação. Para o caso de mau tempo, ele costumava sentenciar, era bom ter um pouco de papéis conservadores e outro pouco de ouro.

Você, então, foi lá e comprou US$500 em ouro e outros US$500 de um fundo que opera com títulos de 30 anos do Departamento de Estradas de Rodagem de seu estado natal. São títulos perfeitos, isentos de impostos, e nunca se deram mal. De repente, você está no meio de uma explosão na economia. Como há muita demanda de capital pelo comércio, e de crédito aos consumidores, os juros disparam, o que derruba o valor de seus papéis com juros prefixados. Caíram em US$100. Quanto ao ouro, quem tem o metal amarelo está freneticamente vendendo, a fim de fazer dinheiro. Todo mundo quer aplicar em ações, que estão disparando, ou pôr o dinheiro nos novos tipos de contas bancárias, que pagam aqueles juros fenomenais. O valor escoa de seu ouro como se fosse de um balde furado e, logo, o que você comprou por US$500 está valendo US$200.

Muito bem, você ganhou US$400 nas ações e perdeu US$400 nos títulos e no ouro. Qual é a graça?

3. Ao diversificar, você vira um malabarista que tenta manter no ar uma porção de bolas ao mesmo tempo. Bolas demais.

   Se tiver somente umas poucas especulações em andamento e uma ou duas se derem mal, dá para adotar uma posição defensiva. O 3º Grande Axioma, além de outros, refere-se a essa situação. Mas, se tem uma dúzia de bolas no ar e a metade delas começa a ir na direção errada, suas chances de escapar incólume do dilema não são lá essas coisas.

   Quanto maior o número de especulações em que você entra, mais tempo e estudos terá de lhes dedicar. A confusão pode se generalizar. Quando as coisas começam a dar errado — o que é inevitável, como você sabe — e surge um problema atrás do outro, você pode acabar à beira do pânico. Geralmente, o que acontece numa situação dessas, especialmente com novatos no mercado, é que ficam paralisados. Como são pressionados a tomar decisões difíceis demais, depressa demais, acabam não fazendo coisa nenhuma. Conseguem apenas ficar estáticos, cheios de espanto, vendo seu dinheirinho derreter diante de seus olhos arregalados.

Quando se pensa nesses três grandes defeitos da diversificação, colocando-os diante de sua única qualidade — a segurança —, diversificar já não nos parece algo tão bom assim.

Um pouco de diversificação, provavelmente, não fará mal. Três boas especulações, talvez quatro, até uma meia dúzia, se sua atração por tal quantidade for muito forte. Pessoalmente, não gosto de ter mais de quatro de uma só vez; durante a maior parte do tempo especulo em três ou menos — às vezes, em uma coisa só. Uma quantidade maior faz com que eu me sinta desconfortável. Isso vai muito da preferência pessoal, e da maneira de pensar de cada um. Se achar que pode operar eficazmente com um número maior, tudo bem.

Mas não diversifique só por diversificar. Você se torna um concorrentezinho num concurso de supermercado, no qual o objetivo é encher o cesto o mais rápido possível. Acaba indo para casa com um monte de porcarias caras que nem queria. Ao especular, você deve pôr seu dinheiro em alternativas que realmente o atraiam, *e em mais nenhuma*. Jamais compre alguma coisa só porque precisa arredondar "uma carteira diversificada".

Como dizem alguns em Wall Street: "Ponha todos os seus ovos no mesmo cesto, e tome conta dele." Esse é o único clichê financeiro que resiste a uma análise. O primeiro que o disse não era certamente dado a diversificações. É muito mais fácil tomar conta de um, ou de uns poucos cestos, do que de uma dúzia deles. Quando a raposa aparecer querendo roubar os ovos, você poderá cuidar dela sem ter de ficar correndo em círculos.

Estratégia especulativa

Façamos uma rápida revisão do 1º Grande Axioma. Especificamente, o que ele aconselha a fazer com seu dinheiro?

Manda arriscá-lo. Não tenha medo de se machucar um pouco. Geralmente, a taxa de risco em que estará envolvido não chega a causar arrepios. Ao se decidir a enfrentá-la, estará se dando a única chance realista de se pôr acima da pobreza.

O preço a pagar por essa chance gloriosa é um estado de preocupação permanente. Essa preocupação, porém, insiste o 1º Grande Axioma, não é a doença que a moderna psicologia acredita ser. É o molho forte e picante da vida. Quando você se habituar com seu sabor, não passará mais sem ele.

2. O 2º Grande Axioma: DA GANÂNCIA

Identifique o lucro sempre cedo demais.

Seja o jogo feito no mercado financeiro, em uma mesa de pôquer ou em qualquer outro lugar, o que os amadores fazem é isto: demoram demais nas paradas — e perdem.

O que os leva a agir assim chama-se ganância, e é disto que trata o 2º Grande Axioma. Se conseguir dominar a ganância, praticando este único ato de autocontrole, você se tornará um especulador melhor que 99% dos que andam por aí atrás de fortuna.

Só que não é fácil parar quando se está ganhando. A ganância é algo entranhado na mente humana. A maioria de nós a tem em altas proporções, e ela deve ter inspirado mais sermões dominicais do que qualquer outro de nossos traços menos nobres. E os sermões costumam ser dramáticos, pontuados de suspiros. Soam desesperados, e o desespero vem da sensação de que a ganância está de tal forma entranhada em nossas almas que arrancá-la é tão difícil quanto mudar a cor de nossos olhos.

Uma coisa é óbvia: não há sermão capaz de exorcizá-la. Sermões jamais surtiram qualquer efeito sobre ela. E você tampouco conseguirá derrotá-la ouvindo sermões, nem pregando-os. Um caminho mais pragmático e promissor seria pensar no belo e estranho paradoxo que existe no coração do 2º Grande Axioma: ao reduzir a ganância, você aumenta suas chances de ficar rico.

Uma pausa para a definição de nossos termos. No contexto do 2º Grande Axioma, a ganância significa querer em excesso, querer mais, sempre mais. Significa você querer mais do que queria no começo, ou mais do que seria justo esperar. Significa perder o controle de seus desejos.

A ganância é a prima inchada e autodestruidora do comprismo. No sentido aqui empregado, "comprismo" é o desejo natural de maior bem-estar material, sem conotação pejorativa. Os Axiomas de Zurique foram criados por pessoas dotadas de uma saudável dose desse comprismo, e é improvável que você estivesse aqui estudando os Axiomas se não tivesse essa característica. Todo animal na face da Terra tem o instinto de buscar comida, um lugar para viver, os meios de autoproteção. Nesse sentido, o que nos difere das demais criaturas é que nossos desejos são mais complicados. Não se envergonhe de seu comprismo, pois ele é parte de seu equipamento de sobrevivência.

O comprismo descontrolado, porém, enlouquecido a ponto de invalidar suas finalidades legítimas, é ganância. E é preciso temê-la, fugir dela. É inimiga do especulador.

Uma pessoa que dedicou quase toda a vida ao estudo da ganância foi Sherlock Feldman, durante anos gerente do Dunes, um dos maiores cassinos de Las Vegas. Grandalhão, sempre de óculos de aros grossos e um sorriso de melancólico bom humor, Feldman costumava analisar os fregueses no turno que escolhera para si nos salões, das duas às dez da manhã. O que ele viu ali o transformou em uma espécie de filósofo bissexto. Dizia:

"Se eles quisessem menos, iriam para casa com mais."

Criara seu próprio axioma sobre a ganância.

Tinha uma compreensão perfeita do problema, sendo ele próprio um jogador consumado. Na juventude, ganhou e perdeu várias fortunas; finalmente, quando aprendeu a se controlar, acabou morrendo confortavelmente rico. Ao falar sobre os frequentadores do Dunes, dizia ele:

"Para a maioria, o que fazem aqui dentro não tem muita importância. Estão só se divertindo. Perdem 100 ou 200 pratas, e daí? Mas, se o jeito como jogam é o mesmo com que conduzem suas vidas no dia a dia, então, pode ser grave. Em muitos casos, dá até para ver por que não são ricos. Você olha para eles aqui e logo percebe que não irão a parte alguma que valha a pena. Por quê?"

Feldman certa vez exemplificou com o caso de uma mulher que aparecera no cassino com um punhado de dinheiro que estava preparada para perder se divertindo:

"Ela encostou em uma mesa de roleta e apostou US$10, não me lembro em que número, seu número de sorte, seu aniversário, sei lá. E, sabe, deu tal número, e ela ficou US$350 mais rica. Pegou, então, US$100 e pôs em outro número, que também deu! Dessa vez ela embolsou US$3.500. Os amigos fizeram uma roda em volta dela e mandaram que apostasse mais, pois aquela era sua noite de sorte. A mulher olhou em torno, e eu praticamente podia ver a ganância crescendo em seus olhos."

Feldman interrompeu a história e enxugou a testa, antes de prosseguir:

"Ela continuou jogando. Cansou de ganhar nos plenos e passou a apostar na cor e nas dúzias. Jogava algumas centenas de dólares de cada vez, e não parava de ganhar. Seis, sete vezes seguidas. A mulher estava realmente numa maré incrível. De repente, havia ganhado US$9.800. Era de pensar que seria suficiente, não era? Eu teria parado muito tempo antes. US$1 mil ou US$2 mil já teriam me deixado contente. Mas a mulher não se contentou nem com US$9.800. A essa altura a ganância já a havia deixado "alta". Dizia que só faltavam US$200 para chegar aos US$10 mil redondos."

E, tentando buscar o número redondo, gordo, a mulher da história de Feldman começou a perder. Seu capital foi derretendo, e ela, para recuperá-lo, ia fazendo apostas maiores, com chances menores. E acabou perdendo tudo, inclusive os próprios US$10 iniciais.

Essa história ilustra o sentido original da conhecida advertência: "Não force a sua sorte." Ou, como preferem os suíços: "Não estique sua sorte." A maioria das pessoas diz isso quase sem pensar, sem se dar conta de seu sentido profundo. Mas esse aviso merece ser estudado com mais cuidado do que geralmente lhe dedicam.

O que ele quer dizer é o seguinte: no jogo, ou no curso de uma jogada especulativa, de tempos em tempos haverá períodos de ganhos. Você achará tão bom que vai desejar que durem para sempre. Com certeza, terá o bom senso de admitir que a realização de tal desejo é impossível, mas, se tiver sido agarrado pela ganância, vai se convencer a esperar, ou a acreditar que tais períodos durarão pelo menos um bom tempo... e mais um pouco... e um pouquinho mais... E irá navegando, na crista da onda, até que você e o seu dinheiro se precipitem em uma cachoeira.

O perturbador fenômeno dos períodos de ganhos será estudado em mais detalhes no 5º Grande Axioma. (Os Axiomas se interligam em um intrincado desenho; é praticamente impossível falar de um sem mencionar os demais.) A esta altura o que queremos ressaltar é que não se pode saber de antemão quanto vai durar um período de ganhos. *Pode* durar muito tempo. Mas também pode acabar quando o relógio marcar o próximo segundo.

O que fazer, então? É preciso presumir que qualquer conjunto ou série de eventos que resultem em ganhos para você terão breve duração, e que seus lucros, portanto, não serão absurdamente grandes.

Sim, é verdade, a gostosa série de acontecimentos pode prosseguir até resultar em ganhos colossais. *Pode*. Mas você, do seu ponto de vista no começo da tal série, obrigado a decidir se continua ou se sai, incapaz de ver o futuro, ficará em posição muito melhor se optar pela média. E a média, de modo esmagador, recomenda que saia cedo. Longos períodos de altos ganhos ficam famosos e todo mundo comenta; são notícia justamente por serem raros. Os modestos e breves são mais frequentes.

Aposte sempre nos períodos breves e modestos. Não se deixe dominar pela ganância. Quando estiver com um bom lucro, aproveite-o e caia fora.

Algumas vezes, lamentará ter saído. O período de ganhos prosseguirá sem sua participação, e você vai ficar melancólico, contabilizando o que deixou de lucrar. Olhando para trás, sua decisão de sair terá sido um erro. É uma experiência deprimente. Acontece com todo especulador, e não pretendo minimizá-la. Às vezes, dá vontade de chorar.

Mas mantenha a cabeça erguida, anime-se. Para compensar uma ou duas decisões erradas de sair antes do tempo, haverá dúzias de ocasiões em que a decisão terá sido acertada. A longo prazo, o controle da ganância dá mais dinheiro.

O 2º Grande Axioma manda sempre realizar o lucro cedo demais. "Cedo demais?" O que, exatamente, isso quer dizer? Meio estranho, não? Trata-se da necessidade de realizar os lucros antes que o período de ganhos tenha atingido o pico. Não tente espremer até o último centavo possível. Raramente funciona. Não se preocupe com a hipótese de que os ganhos continuem ainda por um longo tempo, com a possibilidade de se arrepender. *Não tenha medo* do arrependimento. Como não consegue avistar o pico, cabe-lhe presumir que esteja próximo, e não longe. Realize o lucro e caia fora.

É como escalar uma montanha em noite negra e fechada. A visibilidade é zero. Lá em cima, em algum lugar, está o pico, e, do outro lado dele, um abrupto despenhadeiro, caminho para o desastre inevitável. Você quer chegar o mais alto possível. Idealmente, gostaria de chegar ao pico e parar. Sabe, porém, que o "ideal" raramente acontece na vida, e não é bobo a ponto de achar que acontecerá agora. O bom senso manda parar a escalada quando achar que atingiu uma boa altitude. Pare antes do pico. Pare *cedo demais.*

É verdade, quando a neblina se desfizer e o sol aparecer, talvez se encontre a menos da metade do caminho. Poderia ter escalado muito mais, certo. Mas não fique se lamentando. Não está no topo, mas andou um bom pedaço. Seu lucro foi bom, está no bolso, e é isso que importa. Está em uma situação muitíssimo melhor do que o bando de idiotas que continuou aos tombos em direção ao pico e foi se espatifar do outro lado, despenhadeiro abaixo.

No começo da década de 1980 isso aconteceu muito com as especulações imobiliárias. Vejamos, por exemplo, o triste caso de Alice e Harry, um casal de Connecticut. Contaram-me a experiência deles, por acharem tratar-se de um grande ensinamento. É quebrando a cara que se aprende, e queriam passar adiante a lição. Prometi não revelar suas identidades. Alice e Harry não são seus nomes verdadeiros.

Com quarenta e poucos anos, ambos são bonitões, inteligentes, ambiciosos. Trabalham e têm bons salários. Sua renda familiar, padrão de vida e aspirações sociais os colocam no nível inicial da classe mais alta. Têm dois filhos em universidades particulares.

Como tantos outros com padrão médio de renda no final do século XX, sempre acharam difícil viver nos limites de seus recursos. Jamais conseguiram guardar algo para aplicar, e seus investimentos sempre foram em contas remuneradas, apólices de seguros ou outros tipos de poupança. Especulação mesmo, e boa, só a casa deles.

No começo da década de 1970 tinham ido para a chique Fairfield, em Connecticut, e comprado uma casa no limite de sua capacidade financeira. Fora uma decisão pensada. Tendo passado anos economizando, e sempre se sentindo pobres, ou pelo menos não ricos, estavam começando a perceber o 1º Grande Axioma, a achar que não vinham arriscando o bastante.

Como para a maioria das pessoas de sua classe social, a casa significava duas coisas para eles: não só um lugar para morar, mas também um investimento, possivelmente muito bom. No caso de Alice e Harry, foi uma excelente especulação. Na região de Fairfield, os imóveis se valorizaram na década de 1970, embora não tão espetacularmente quanto em Marin, na Califórnia, ou em Dade, na Flórida. Começam os anos 1980 e nossos heróis estimam que a casa vale duas e meia ou três vezes o que haviam pago fazia menos de dez anos.

Hora de vender. As crianças tinham crescido e se tornado independentes. Alice e Harry já não precisavam mais de uma casa tão grande. Na verdade, estavam cansados de morar longe da cidade e das chatices de serem proprietários. Queriam mudar para uma coisa menor, um apart-hotel ou um apartamentozinho comum. A bela valorização da casa tornava mais atraente a ideia de vender. Teriam um lucrozinho simpático. O valor da casa praticamente triplicara; mas considerando a hipoteca — que tem exatamente o mesmo efeito do depósito nas operações a futuro com ações ou mercadorias —, o dinheiro que eles haviam investido na casa se multiplicara por mais de seis. Realmente, nada mau.

Foi então que a ganância os pegou pelo pescoço. Queriam mais, e esperaram.

Alice lembrava-se de ter lido, ou ouvido contar, que em Marin, nos mesmos dez anos, o valor dos imóveis se multiplicara por dez.

"Aí nós pensamos", conta ela. "Não seria uma beleza? Aconteceu em Marin, por que não pode acontecer em Fairfield? Se nossa casa valesse dez vezes mais, ficaríamos milionários!"

Harry recorda que seu principal motivo foi o medo de se arrepender:

"Eu pensava: claro, seria uma beleza poder vender a casa por três vezes mais do que pagamos. Mas se eu vendo e daqui a alguns anos fico sabendo que o sujeito que comprou tornou a vender por três vezes mais do que pagou? Seria capaz de dar um tiro na cabeça!"

Aguardaram. Atingiram o pico. E desabaram pelo despenhadeiro do outro lado.

Como ocorre na maioria dos casos, o pico estava mais próximo do que queriam acreditar. Em 1981/1982 o mercado imobiliário de Fairfield — como o da maior parte da periferia das cidades norte-americanas — despencou, especialmente no caso das casas grandes. Em alguns bairros, não se compravam casas por dinheiro nenhum. Finalmente, com grande atraso, quando Alice e Harry resolveram vender, o mundo rudemente lhes deu as costas. Pouca gente apareceu para olhar, e, menos ainda, com intenção real de compra. Até os corretores da região, geralmente um pessoal muito empolgado, pareciam desanimados. Um ano depois, Alice e Harry tinham recebido uma única proposta de compra. O preço oferecido foi um choque. Era superior ao que haviam pago, mas não muito. Teriam ganhado mais se houvessem guardado o investimento original na poupança.

Da última vez que os vi, continuavam esperando o mercado se recuperar. Tinham aprendido a lição. Não mais pretendiam ficar milionários com a casa. Tinham estabelecido o preço pelo qual gostariam de vender — algo que lhes daria um bom lucro, mas não uma fortuna. Estavam decididos a vender assim que a casa chegasse àquele preço, por mais que o mercado estivesse efervescente, por maiores que fossem as expectativas futuras do mundo inteiro.

Em outras palavras, estavam decididos a vender cedo demais. Espero que não arredem o pé dessa decisão.

Para alguns, parece incrivelmente difícil cumprir o que preceitua o 2º Grande Axioma. O maior problema parece ser o medo do arrependimento, um medo que foi o maior inimigo de Harry e pode continuar a ser — e Harry não está só.

É nas cercanias das bolsas de valores que o medo é mais comum e especialmente intenso. Um dos mais antigos ensinamentos de Wall Street diz que não se deve olhar a cotação de uma ação que já se vendeu. A advertência não visa ajudar a ganhar dinheiro, mas evitar crises de choro. "Ficar na saudade" é uma das sensações mais penosas que um especulador do mercado de ações é capaz de experimentar.

Eu que o diga! Por exemplo, quando vendi Gulf Oil a US$31, e fiquei olhando o papel bater US$60, um ano depois; ou quando descarreguei 1.500 IBM a pouco mais de US$70, e a porcaria do papel foi parar em US$130. Ou... ou... mas chega, já chega! A gente não deve se torturar. Em vez de ficar chorando esse pouco leite derramado, eu deveria estar me felicitando por todas as vezes em que vender cedo demais foi atitude de gênio.

Deveria estar; mas, mesmo para um sujeito como eu, diplomado nos Axiomas, há noites em que nada dá jeito na saudade que vem chegando, vem chegando e se instala. Prometi não minimizar as penas dos possíveis arrependimentos, e não o farei. Tampouco tenho remédios a oferecer. Para essa dor, não há analgésicos. É simplesmente algo com que o especulador tem de aprender a conviver.

Esse medo do arrependimento deve ser tão forte nos arredores de Wall Street porque as ações têm cotações diárias, todos os dias úteis. Isso também ocorre em outras áreas de especulação, mas não em todas — em imóveis, por exemplo, não acontece. Você pode ter uma ideia geral, bem vaga, de quanto vale sua casa, seu chalé nas montanhas ou seu apartamento naquela praia do Caribe, mas não basta abrir o *Wall Street Journal* e verificar a cotação exata, diariamente. Essa ausência de cotações diárias dá certa proteção emocional, ela nos resguarda. A menos que a propriedade se ache realmente à venda, e você esteja recebendo ofertas, não há muito que possa fazer além de dar palpites sobre quanto pode valer. Tampouco pode saber exatamente o valor de mercado de uma casa que vendeu no ano passado, ou há dez anos — o que é outra bênção divina.

Se especular com ações, porém, basta abrir o jornal ou dar um telefonema para seu corretor que você fica logo sabendo, com toda a precisão, quanto o mercado estava querendo pagar ontem por qualquer papel que você possui, possuiu ou teve vontade de possuir. Um mês, um ano depois de ter caído fora, se quiser se atormentar, basta olhar no jornal e ver se o período de ganhos continuou sem sua presença.

Os que especulam em ações vivem agindo assim, e se martirizando. E isso é o que pode toldar o raciocínio de uma pessoa, a ponto de aproximá-la do perigo.

Certa noite, fui tomar um drinque com um velho amigo de Frank Henry, um especulador sul-americano. O homem estava morto de pena de si próprio e parecia ter bebido a tarde toda. Aos poucos, foi se abrindo, e quando consegui perceber do que se tratava, eu estava ouvindo uma tragédia financeira.

Frank Henry sempre achara que aquele tipo simpático era emocional demais para Wall Street. Embora eu não soubesse desse detalhe, tinha conhecimento de que norte-americanos e suíços gostavam de atraí-lo para altas mesas de pôquer, e ele acabava sempre limpo. À medida que, aos poucos, vinha à luz sua tragédia, eu ia percebendo que talvez Frank Henry tivesse razão. O homem estava com problemas na Bolsa, provavelmente pelas mesmas razões que os tinha na mesa de pôquer. Embora soubesse, racionalmente, o que fazer nas diversas circunstâncias, nem sempre conseguia fazê-lo.

O problema que o atormentava, naquela noite, começara muito antes. Havia adquirido uma bolada de ações da Wometco Enterprises, uma empresa com interesse nas áreas de cinema e TV. O preço subira bem, e passara a oscilar. O seu lucro já era bom, e não havia razão para acreditar que a alta prosseguiria. De forma sensata, então, passara os papéis adiante. Ato contínuo, devido a fatores imprevisíveis, o preço da ação quadruplicara.

Então, o amigo de Frank Henry entrara numa crise de ódio e arrependimento. O negócio ficou tão feio que ele passou a ter medo de vender qualquer coisa. Estava paralisado pelo temor de que a história, inexoravelmente, se repetisse: bastaria vender um papel, e lá iria ele para cima. Seu temor se transformara praticamente em pânico.

Havia operações que *sabia* ter de fazer, mas não conseguia se mexer. Uma situação em especial o atormentava. Depois de liquidar Wometco, pusera a maior parte de seus recursos em outra empresa ligada a cinema e TV, a Warner Communications. Conhecia bem o mercado de entretenimento e, com um pouco mais de autocontrole, teria feito fortuna nessa área. Suas ações da Warner subiram, resultando, de novo, em bons ganhos. Entre Wometco e Warner, tinha praticamente dobrado o capital.

Seria de pensar que era o bastante. Hora de cair fora. Como diz o Axioma, era *cedo demais*.

Mas ele não conseguiu sair. Agarrou-se ao papel.

Sem qualquer indício anterior, então, a divisão Atari da Warner afundou em um lamaçal de problemas. E, num mergulho ininterrupto e ensandecido, as ações da Warner Communications perderam cerca de dois terços do valor.

3º AXIOMA MENOR

Entre no negócio sabendo quanto quer ganhar; quando chegar lá, caia fora.

Este 3º Axioma Menor visa ajudá-lo a resolver o sempre difícil e às vezes paralisante problema de saber *quanto é o bastante.*

Conforme se viu, a ganância é a principal razão da dificuldade de se tomar essa decisão. Quanto mais se tem, mais se quer. É da natureza do ser humano.

Há outro fator, porém, que contribui muito para essa dificuldade da maioria, talvez de quase todo mundo: é o fato peculiar de que, se uma especulação dá certo e a fortuna do especulador cresce, a posição recém-atingida se torna a posição inicial.

Digamos que você começa com US$1 mil. Aplica-os dando certa garantia, numa especulação com prata. O palpite funciona e, um ano depois, você está com US$2 mil. Dobrou seu dinheiro.

Beleza. Se conseguisse isso todo ano, breve estaria milionário. O problema, porém, é que *não parece ser* a beleza que é. Pelo contrário: de repente, você já está achando que esse dinheiro é seu por um mérito qualquer. A tendência é que passe a encará-lo assim, principalmente se o ganhou devagarinho, ao longo de um ano, e não uma bolada de uma só vez. Em vez de dar pulos e dizer "Epa, dobrei a minha grana!" ou "Olha só, estou com uma milha que não tinha antes!", a sensação é de que sempre teve aquela soma.

Os US$2 mil não parecem ser sua posição *ao final.* A sensação é que se trata de uma nova posição inicial. Graças a isso, não será fácil cair fora de tal operação.

Se você nunca especulou, nem sequer jogou um pôquer baratinho, isso pode parecer confuso. Também pode parecer um probleminha curioso, capaz de afligir outras pessoas, mas que com você não acontece. É compreensível que pense assim, mas está sendo otimista demais. Chega uma hora em que esse problema aflige praticamente todo mundo. Existe uma remotíssima chance de que você seja imune. O negócio é aprender a enfrentá-lo quando se apresentar.

São inúmeras as atividades humanas em que as posições inicial e final são claramente visíveis, percebidas e compreendidas. No atletismo, por exemplo. Quando um corredor chega ao final dos 1.500 metros, *sabe* que é o fim. Não existe a questão de correr outros 1.500 metros, a fim de ganhar duas medalhas em vez de uma. As energias estão exauridas. A fita foi rompida e o placar já registra o vencedor. Acabou-se. É hora de ir para casa descansar, reunir energias para a próxima corrida.

No mundo do jogo e das especulações, são poucos os pontos finais assim tão nítidos. Jogos de pôquer têm fim, é verdade. Os hipódromos fecham ao final do dia. De quando em quando, uma operação de Bolsa pode encerrar quando a empresa na qual se investiu é absorvida por uma empresa maior e deixa de existir. Na maioria dos casos, porém, é você mesmo que terá de decidir quando basta.

Isso é muito, muito difícil de fazer, tão difícil que apenas uma minoria aprende. Na realidade, a maioria nem sequer chega a perceber a necessidade de fazê-lo. Mas é uma técnica que você tem de dominar. É a peça essencial do equipamento de um bom especulador.

Seu final — seu basta — é quando você cai fora, dá um suspiro de alívio e relaxa. Como o corredor ao final da prova, você se joga na grama, ao lado da pista, e pensa: "Tudo bem, acabou.

Cumpri meu objetivo inicial. Fiz o que vim fazer. Ganhei a minha medalha. Vou ficar aqui um pouquinho e saborear a vitória." Ou então: "Tá legal, perdi, mas já acabou. Vou dar uma descansada, pensar e planejar a próxima. Amanhã eu corro de novo." De um jeito ou de outro, você terá chegado ao final.

Como, porém, alcançar um final assim, tão definido, em um mundo no qual não há fitas de chegada nem gongos marcando o fim de cada *round*, principalmente quando cada posição atingida parece ser um novo ponto de partida?

Vamos supor que você tenha comprado um punhado de ações da Union Carbide. Ou que tenha investido em ouro, ou na compra de sua casa. Essas não são corridas que *terminam* em um futuro previsível. São corridas abertas. Não há uma distância arbitrada. Você mesmo, sozinho, é que tem de decidir quando rompeu a fita de chegada. *A corrida acaba quando você disser que acabou.*

O 3º Axioma Menor ensina a alcançar esse final. Antes de começar a corrida, estabeleça onde é a linha de chegada.

Isso facilita devolver as fichas e embolsar o dinheiro? Não, claro que não. Mas fica muito mais fácil do que entrar em cada especulação com a ideia de que é uma corrida sem-fim.

Voltemos ao exemplo inicial. Você tem US$1 mil, e acha que prata é uma boa especulação. Diz a si mesmo: "Vou entrar nisto com o objetivo de..." Mas, seja qual for seu objetivo, não busque nada muito grandioso, seja modesto. Duplicar, alcançar US$2 mil em dois anos, digamos. Ou US$1.500 em um ano. Essa é a linha de chegada. Ao longo da corrida toda, não a perca de vista. E, quando a alcançar, caia fora.

Vejamos como isso o ajuda, do ponto de vista psicológico. Ali está você, na linha de partida, com US$1 mil no bolso, na esperança de que se transformem em US$2 mil. Não dá para achar que os US$2 mil estão no papo, porque *ainda* não estão, e você sabe muitíssimo bem que podem nunca estar. A essa altura do campeonato, na linha de partida, US$2 mil parecem um prêmio pelo qual vale a pena brigar. Não parecem um novo ponto de partida. Parecem a chegada.

À medida que a operação vai caminhando, mantenha viva essa sensação. Se e quando atingir o objetivo, a menos que haja razões indiscutíveis, óbvias, para transformar a linha de chegada em um novo ponto de partida, faça um carinho em sua sorte e caia fora.

O que podem ser essas "razões indiscutíveis, óbvias" para se continuar em uma corrida cujo plano era terminar? Esse tipo de razões só pode ocorrer por alguma mudança drástica, imprevisível, nos fatos e nas circunstâncias que envolvem sua operação. Uma simples mudança não é suficiente: tem de ser um cataclismo. Surgiu uma situação inteiramente nova, que não apenas lhe dá esperança, mas também muita certeza de que o período de ganhos prosseguirá.

Vamos supor, por exemplo, que você especula em mercadorias, está comprando concentrado de laranja em operações a prazo, e atingiu sua linha de chegada. Ao cumprir o que prometeu a si mesmo, está prestes a vender e pôr o lucro no bolso. Ouve, então, que uma geada fora de hora acabou com grande parte da safra de cítricos da Flórida. Em casos assim, pode ser uma boa ideia se manter na corrida ao menos um pouco mais, e ver o que acontece.

Situações desse tipo, porém, são raras. Na maior parte do tempo, a fita de chegada só quer dizer uma coisa: acabou.

Uma boa maneira de reforçar essa sensação de "final" é estabelecer alguma forma de premiação para si próprio. Se quiser, que seja uma medalha. Antecipadamente, prometa a si mesmo que, se e quando alcançar o objetivo preestabelecido, pegará parte do lucro e comprará um carro novo, um casaco de peles, um banjo de cinco cordas, o que lhe der prazer. Ou que levará sua mulher, ou alguém querido, para jantar o que houver de mais ridiculamente caro no restaurante mais caro da cidade.

Com isso, o final associa-se a algum fato real, a algum objetivo concreto. Muitos especuladores, mesmo uns curtidos veteranos da brincadeira, empregam esse estratagema psicológico. Frank Henry costumava presentear-se com ostras e churrasco de filé-mignon à americana — coisas que adorava e que não eram fáceis de encontrar em sua Suíça natal. Jesse Livermore, que às vezes tinha grande dificuldade em encerrar suas especulações, a cada vitória presenteava-se com uma nova peça para sua coleção de antigas canecas de barbear. Mary, a amiga de Gerald Loeb, dava a si mesma um vestido ou um casaco.

Considerando-se o volume de dinheiro arriscado, essas recompensas podem parecer triviais; o importante, porém, é a *sensação de final* que esses prêmios, mesmo aparentemente bobos, podem produzir. Se funcionar com você, então, é esse o caminho a seguir.

Não são poucos os solenes assessores de investimentos que franzem a testa para essa prática. Por motivos que ninguém jamais foi capaz de explicar direito, desde o século XVIII existe a crença de que dinheiro de investimento deve ser inviolável. Não se deve gastá-lo, especialmente em frivolidades como uma dúzia de ostras ou um casaco de peles. Existe até uma expressão para definir esse sacrilégio: *esbanjar o capital*. Que pouca-vergonha!

Mas, como gostava de perguntar Gerald Loeb:

"Por que você se dá tanto trabalho para ganhar dinheiro? Para que serve? Para ficar olhando?"

Loeb, provavelmente, foi o primeiro corretor a dizer em público — e, parece, sem se envergonhar — que o investidor/especulador deve gastar parte de seus ganhos. Na realidade, Loeb chegava a ponto de afirmar que, num ano bom, alcançada ou não a linha de chegada, parte dos lucros deveria ser gasta.

Dinheiro de investimento é dinheiro como outro qualquer, ele chamava a atenção. Não tem de ficar segregado, com um cartaz: "Não tocar." É claro, existem dezenas de boas razões para você sentar no seu dinheiro. É uma grande ajuda na velhice; numa emergência, é um belo paraquedas; é algo para os filhos herdarem; é bom saber que está no cofre e assim por diante. Tudo muito bem. Só que ele também pode servir para lhe proporcionar um pouco de diversão. Tirar um pouquinho de vez em quando, especialmente numa posição final, é muito melhor do que se imagina.

É por isso que eu o aconselharia a manter seu capital especulativo o mais líquido que puder, bem acessível. Isso se faz melhor em algumas especulações do que em outras. Se seu dinheiro está trancafiado em um imóvel ou em uma coleção de moedas raras, é capaz de permanecer trancafiado até aparecer um comprador. Um número cada vez maior de bancos, porém, começa a oferecer empréstimos sobre ativos ilíquidos como esses, a juros perfeitamente razoáveis. Talvez você possa conseguir algo assim.

Com outras especulações, o objetivo de liquidez vem se tornando cada vez mais fácil. Nos últimos anos, bancos e corretoras que operam em ações, opções, mercadorias e metais preciosos vêm criando para seus clientes tipos altamente inovadores de contas-correntes. Eu, por exemplo, mantenho todo o meu capital destinado a ações em um estranho cesto inventado pela minha corretora, a Merrill Lynch, chamado de "conta de fundos administrados". É uma combinação de várias coisas: em parte, é uma conta normal de depósito de ações com a qual compro e vendo ações da maneira tradicional; mas também é conta-corrente, contra a qual emito cheques, ou saco com meu cartão de crédito. A conta paga tudo. Isso é que chamo de liquidez imediata.

E é perfeito para se celebrar uma posição final. Quando atinjo uma dessas posições, minha mulher, eu e meu cartão de crédito saímos por Nova York, para um fim de semana de luxo e pecado.

Estratégia especulativa

Vamos, então, repassar o que nos ensina o 2º Grande Axioma.

Diz: "Venda cedo demais." Não espere a alta atingir o pico. Não espere que um período de ganhos prossiga indefinidamente. Não teste demais sua sorte. Parta do pressuposto de que tais períodos são breves. Quando atingir uma linha de chegada previamente estabelecida, liquide a posição e caia fora. Faça-o ainda que tudo pareça cor-de-rosa, mesmo que continue otimista e que todo mundo à sua volta esteja dizendo que a alta continuará rugindo sem parar.

A única razão para não o fazer será algum fato novo, cujo surgimento praticamente garanta que você continuará ganhando por algum tempo.

Exceto em circunstâncias assim inusitadas, habitue-se a vender cedo demais. E, uma vez vendido, não se atormente se a alta continuar sem a sua presença. É bem provável que ela não vá durar muito. Mas, se durar, console-se pensando nas tantas vezes em que, tendo vendido cedo demais, protegeu ganhos que, de outra forma, teriam ido por água abaixo.

3. O 3º Grande Axioma: DA ESPERANÇA

Quando o barco começar a afundar, não reze. Abandone-o.

O 2º Grande Axioma falou sobre o que fazer quando as coisas vão bem. O 3º Grande Axioma é sobre como escapar quando vão mal.

E não há a menor dúvida de que irão mal. Pode apostar. Pode contar como certo que cerca de metade de suas operações especulativas irá para o brejo antes de você alcançar a linha de chegada. Em seus palpites sobre o futuro, vai errar a metade; a metade de suas opiniões sobre as forças econômicas será equivocada. A metade dos conselhos que ouvirá será ruim.

A metade de suas esperanças está condenada a não se realizar.

Mas anime-se. Isso não significa que vai perder US$1 para cada dólar que vier a ganhar. Se fosse assim, o negócio todo perderia o sentido. Isso só é verdade com os incompetentes.

Jogadores e especuladores bem-sucedidos lidam melhor com as coisas. Em grande parte, progridem porque sabem o que fazer, *sem hesitação,* quando a maré se volta contra eles.

Saber sair de uma situação complicada talvez seja o mais raro dos dotes especulativos. É raro por ser difícil de adquirir. Requer coragem e um tipo de honestidade afiada como uma navalha. É uma habilidade que diferencia homens e mulheres de meninos e meninas. Há quem diga que é a peça mais importante no instrumental de um jogador ou de um especulador.

Uma pessoa que concordaria com isso é Martin Schwartz, ex-analista de valores que hoje se dedica em tempo integral a especular na Bolsa de Mercadorias e Futuros. A maioria dos profissionais prefere dizer que "opera" no mercado, mas nós continuaremos com nossa palavrinha: especulação. Em 1983, Schwartz aumentou de maneira espetacular seu capital de risco em 175%. Foi o vencedor do Campeonato Americano de Operadores, uma disputa anual patrocinada pelas corretoras da Bolsa de Mercadorias de Chicago — e ficou bem mais rico. Perguntado sobre como obtivera resultados tão bons, Schwartz, ao responder ao *New York Times,* foi direto ao talento que considera essencial: "Vou lhe dizer como me tornei vencedor: aprendi a perder."

É mais ou menos a mesma coisa que se ouve nos cassinos. Quando indagado sobre o que caracteriza um bom jogador de pôquer, Sherlock Feldman respondeu:

"Saber passar."

O amador fica na esperança de que suas cartas saiam, ou reza para que isso aconteça; o profissional estuda o meio de se safar quando não saem. Essa, provavelmente, é a grande diferença entre os dois. Ajuda a explicar por que o profissional não tem dificuldade em viver do jogo, enquanto o amador quebrará a cara sempre que se sentar à mesa para enfrentar profissionais.

A incapacidade de abandonar rapidamente um barco que esteja afundando, provavelmente, custou mais dinheiro a especuladores que qualquer outro erro. É responsável, com toda a certeza, pelo derramamento de mais litros de lágrimas do que qualquer outro acidente financeiro. Susan Garner, que não faz muito tempo pediu demissão do Chase para se dedicar profissionalmente às especulações, diz:

"Ficar preso em uma operação perdedora deve ser a maior dor que o dinheiro é capaz de provocar."

Hoje Susan faz muito sucesso, mas nem sempre foi assim. Custou a aprender as técnicas — principalmente a aprender a perder. Em uma de suas primeiras operações, ela se recorda, pagou US$2 mil por uma participação mínima em um projeto imobiliário em uma cidadezinha. Era um edifício comercial, em uma comunidade meio adormecida que parecia prestes a despertar. Havia um projeto para uma importante rodovia federal passar pela região, margeando a tal cidadezinha. Graças à estrada projetada e a outros fatores econômicos e geográficos, todo mundo esperava que a cidade se transformasse em um importante polo comercial. Quando isso ocorre, os imóveis, naturalmente, costumam disparar — inclusive os prédios de escritórios. A especulação de Susan Garner parecia promissora.

Mas, como costuma acontecer, o futuro foi adiado. O projeto da rodovia teve problemas de financiamento. Cada vez que se falava dele, era para anunciar novos adiamentos. A princípio, as autoridades informavam que estava adiado por um ano, mais ou menos; depois eram dois, três, cinco anos. Finalmente, encontrou-se um funcionário corajoso, capaz de falar a verdade: honestamente, não sabia quando, nem mesmo se a estrada seria construída.

A cada adiamento anunciado, a febre imobiliária arrefecia um pouquinho. O pequeno investimento de Susan Garner não tinha cotação diária nos jornais, mas ela não precisava de números exatos para saber que estava ficando mais pobre. Pensou em liquidar.

"Havia quem quisesse comprar minha parte", diz ela. "Mas eu teria de vender com prejuízo, e não tive coragem. Da primeira vez, quando anunciaram o adiamento de um ano, tentei me convencer de que estava tudo bem, que era só esperar um pouco, não passava de um contratempo. Bastava eu ter paciência, pois logo a minha parte recuperaria seu valor."

Aí vieram as notícias de dois e três anos de adiamento. Um dos maiores condôminos do prédio, um advogado, ofereceu US$1.500 pela parte de Susan Garner. Ela não conseguiu engolir a ideia de perder US$500 — um quarto de seu capital —, e recusou. O camarada chegou a US$1.600, e ela não vendeu.

À medida que os adiamentos eram anunciados, o preço afundava. O advogado reapareceu e ofereceu US$1 mil. Pouco depois, já eram só US$800. Quanto mais o preço baixava, mais Susan Garner sentia-se presa à sua pequena participação.

"Já não se tratava nem de esperança de recuperar meus US$2 mil", diz ela. "Eu estava uma fera comigo por não ter aceitado os US$1.500 que me haviam oferecido. E lá ficava eu, na esperança de que a situação melhorasse, para não fazer um juízo tão ruim de minha competência. Quanto mais caía o preço, mais teimosa eu ficava. Preferia a morte a ter de vender meu investimento de US$2 mil por míseros US$800!"

Enquanto seu capital ficava preso naquele mau negócio, a atenção de Susan era atraída para outras especulações. Queria se aventurar no mercado de antiguidades, principalmente mobiliário; as ações a atraíam. Um amigo lhe ofereceu, por uma pechincha, um álbum de selos do século XIX, que acabara de herdar, e ela se sentiu inclinada a fazer negócio. O problema era que os US$2 mil presos naquele prédio eram o grosso de seu capital de risco. Até liberá-los, mal podia se mexer.

"Resolvi, finalmente", conta, "que seria ridículo deixar meu dinheiro congelado daquele jeito."

Susan vendeu sua cota por US$750. E foi assim que veio a aprender a lição contida no 3º Grande Axioma: quando o barco começar a afundar, abandone-o.

Atenção a estas palavras: quando *começar* a afundar. Não espere até a metade estar submersa. Não reze, não espere nada. Não cubra os olhos e fique ali tremendo. Olhe em volta e veja bem o que está acontecendo. Estude a situação. Pergunte a si mesmo se o problema crescente tem solução. Procure indícios confiáveis e tangíveis de que as coisas estão melhorando; se não vislumbrar nada no gênero, comece a agir, sem mais delongas. Calma e decididamente, antes que o pessoal todo entre em pânico, abandone o barco e salve sua pele.

Nos casos de mercados com pregão diário, ações, mercadorias de operações a prazo etc., esse conselho pode ser traduzido em números. A regra de ouro de Gerald Loeb dizia que se deve vender quando o preço de uma ação cair entre 10% e 15% em relação ao preço mais alto alcançado enquanto se encontra em seu poder. Não importa se, a essa altura, você está perdendo ou ganhando. Frank Henry se permitia uma margem um pouco maior, entre 10% e 20%. A maioria dos especuladores tarimbados opera com regras muito semelhantes. Em todos os casos, a ideia é cortar os prejuízos cedo. *Aceite pequenas perdas, para se proteger das grandes.*

Para exemplificar, suponhamos que você tenha comprado um papel a US$100. O negócio começa logo a dar errado, e o preço cai para US$85. Nesse caso, o preço mais alto enquanto a ação esteve com você foi o da compra, US$100. Você está 15% abaixo desse nível, de modo que a regra manda vender. Se não perceber bons indicadores de que vai melhorar, abandone o barco.

Ou tomemos um caso mais agradável. Você compra uma ação a US$100, e ela salta para US$120. Pronto, você logo acha que está prestes a ficar rico. Que dia mais lindo! Um problema inesperado, porém, atinge a empresa, e sua ação volta aos US$100. O que fazer? A essa altura você já sabe como agir. Na ausência de razões ponderáveis para acreditar que as coisas vão melhorar, venda.

Saber agir, porém, é só a metade da batalha. Quando tentamos fazer o que manda o 3º Grande Axioma, três obstáculos costumam se erguer à nossa frente. Para alguns especuladores, são obstáculos grandes, intimidadores. Você tem de estar psicologicamente preparado para enfrentá-los. Mas, se mantiver a cabeça fria, conseguirá superá-los.

O primeiro obstáculo é o medo de se arrepender — basicamente, o mesmo medo de que tratamos no 2º Grande Axioma. Nesse caso, o medo é de que perdedores se tornem ganhadores depois de você ter abandonado o barco.

Isso acontece, e dói. Por exemplo: você comprou um pouco de ouro a US$400 a onça, digamos, e ele despenca para US$350. Não percebendo bons motivos para ficar, você resolve absorver o prejuízo de 12% e vende. Nem bem se completa a transação, explodem seis novas guerras, quatro países sul-americanos declaram moratória, os países da OPEP dobram o preço do petróleo, as bolsas de valores despencam em todo o mundo e quem tem dólares sobrando corre para se proteger sob o metal amarelo. O preço dispara e bate US$800 a onça. Ai!

Pois é, dói demais. Cedo ou tarde, é provável que algo assim lhe aconteça. Não há como evitar. Essas reviravoltas da fortuna, porém, não acontecem todo dia. Com muito maior frequência, uma situação ruim permanece ruim, pelo menos por algum tempo. Os problemas que costumam causar quedas de preços em ativos especulativos — ações, mercadorias, imóveis etc. — tendem a perdurar. Surgem lentamente, e se vão com a mesma lentidão. Quase sempre, o correto é escapar assim que o preço mostra a primeira queda significativa.

Há certas situações na vida, é verdade, em que o certo é esperar passar o mau tempo. Quando há dinheiro no meio, porém, é muito raro. Se você deixar o dinheiro ficar entalado em uma operação errada, e o problema perdurar, talvez se passem anos até poder usá-lo de novo. Seu capital fica preso, quando deveria, isso sim, estar trabalhando para você, correndo atrás de outros negócios bons e lucrativos.

O segundo obstáculo à implementação do 3º Grande Axioma é a necessidade de se abrir mão de parte de um investimento. Para alguns, é uma dor insuportável. Se valer de consolo, porém, posso lhe garantir que, com a prática, fica menos doloroso.

Você está especulando com moedas, suponhamos, e apostou US$5 mil na lira italiana. Seu palpite furou, a taxa de câmbio voltou-se contra você, e o que dá para salvar de seu capital não passa de US$4 mil. Como não há indícios decentes de que a coisa vai melhorar para o seu lado, o mais provável é que deva cair fora. Só que estará abandonando US$1 mil. E é isso que dói.

Para alguns, a dor é tanta que não conseguem fazê-lo. O instinto do pequeno especulador típico manda que ele aguente as pontas, na esperança de, um dia, recuperar aqueles US$1 mil. Se você não dominar esse instinto, jamais passará de um pequeno especulador típico, podendo mesmo chegar a ser um especulador falido. O jeito de recuperar seus US$1 mil é tirar US$4 mil do investimento que azedou, e colocá-los em algo bom e produtivo.

Se você especula dando certa garantia, a incapacidade de abandonar parte de um investimento se torna um problema duplamente grave. Usando dinheiro emprestado para aumentar seu poder de fogo, sua posição especulativa começa a ficar parecida com o mais deliciosamente torturante jogo do mundo: o pôquer.

Vale a pena examinar um pouco essa semelhança. Na realidade, você terá grande vantagem em estudar o jogo de pôquer, se ainda não está familiarizado. Participe de alguns joguinhos de fim de semana, ou organize alguns entre amigos, com um cacife baratinho. O pôquer serve para testar algumas características do ser humano em condições extremas. Há muito que aprender nesse jogo — sobre especulações e acerca de si mesmo.

Quando se especula com recursos próprios — ou seja, quando não se usa dinheiro emprestado —, a vida é relativamente simples. Compram-se algumas ações, digamos, e paga-se à vista. Não há necessidade de fazer qualquer outro investimento além deste. Se o preço das ações despencar e você ficar plantado ali, não querendo abrir mão do que quer que tenha perdido, *ninguém* tem nada a ver com isso. A única coisa que acontece é você ficar ali sentado, vendo seu dinheiro encolher. Mas ninguém lhe pedirá para *pôr mais dinheiro* na operação.

Agora vejamos o pôquer. No decorrer da mão, se quiser continuar na parada, você tem de ficar aumentando seu investimento.

Digamos que esteja pedindo para *flush*. As probabilidades são contrárias a você; provavelmente, é uma mão perdedora. Mas já pôs muito dinheiro no pote, e não consegue convencer-se a sair. Contra tudo o que lhe dita o bom senso — além do 3º Grande Axioma —, resolve continuar.

Essa, porém, não é uma especulação do tipo comum, à vista. Aqui trata-se de pôquer. Para prosseguir, é preciso pagar. E, se quiser ver a carta seguinte, isso tem um preço. O jogo exige que, para proteger dinheiro velho, invista-se dinheiro novo sem parar.

Especular oferecendo certa garantia causa uma angústia semelhante. Para adquirir um papel, o corretor lhe financia determinada porcentagem de seu valor. Essa porcentagem financiada é determinada por regulamentos do governo, regras da própria Bolsa e de seu corretor. Para garantir o financiamento, as ações ficam hipotecadas com o corretor. Se cair o preço de negociação de ações, cai junto seu valor de garantia, é óbvio. O que pode colocá-lo, automaticamente, como infrator das normas que regem as operações com garantia. Você perceberá, então, a temida "chamada de garantia" — uma comunicação amistosa, porém inflexível, de seu corretor, oferecendo-lhe duas alternativas igualmente penosas: ou você comparece com dinheiro para cobrir a garantia dada, ou ele vende sua posição.

No fundo, você está exatamente na situação do jogador de pôquer. Se não quiser abrir mão de parte de seu investimento, tem de pôr dinheiro novo no pote.

Geralmente, a reação mais correta é a disposição de abandonar o barco. Se não sentir, e não for capaz de cultivar essa disposição, especulações de qualquer espécie serão difíceis para você; com garantia, então, poderão ser desastrosas.

O terceiro obstáculo à implementação do 3º Grande Axioma é a dificuldade de admitir que você errou. A reação das pessoas a esse problema varia muito. Para alguns, é só uma bobagem; para outros, representa o maior dos obstáculos. Mulheres parecem reagir melhor que homens, os mais velhos, melhor que os jovens. Não tenho explicação para isso, não conheço quem tenha, nem mesmo entre os que dizem ter. O fato é que, para muitos, é um grande obstáculo, e vamos parar por aí. Se achar que vai atrapalhá-lo, o jeito é um pouco de autoanálise, e tratar de encontrar a forma de lidar com o problema.

Você faz um negócio, dá errado, o jeito é cair fora. Para isso, porém, tem de admitir que errou. Tem de admiti-lo para seu corretor, seu banqueiro ou para quem quer que seja a pessoa com quem está operando; talvez para sua mulher e outros membros da família, e, pior que todos, quase sempre, para você mesmo. Tem de se postar diante do espelho, olhar-se bem nos olhos, e dizer: "Errei."

Para alguns, é algo intoleravelmente penoso. O perdedor típico tenta escapar a essa punição e, em consequência, costuma ser apanhado pisando em falso, em maus negócios. Quando compra alguma coisa cujo preço passa a cair, ele se agarra ao que comprou, na esperança de que fatos futuros venham a lhe dar razão. "Essa queda é só temporária", pensa — e talvez até mesmo acredite nisso. "Eu estava certo ao entrar nessa especulação. Seria tolo sair só por causa desse mau começo. Vou esperar. O tempo provará como sou esperto!"

Seu ego já está garantido. A necessidade de dizer que estava errado foi contornada. Ele pode continuar acreditando que é esperto.

Sua conta bancária, porém, contará a verdadeira história. Dali a anos, quem sabe, o investimento é até capaz de dar a volta e retornar a seu valor original, ou mesmo se valorizar, e ele então, exultante, dirá, sentindo-se vingado:

"Eu sabia que tinha razão!"

Mas será que tinha mesmo? Durante todos aqueles anos em que o dinheiro passou estagnado, poderia estar trabalhando. Poderia ter duplicado, até mais.

Em vez disso, está onde estava quando o triste episódio começou.

Recusar-se a aceitar que está errado é a mais errada das reações possíveis.

4º AXIOMA MENOR

Aceite as pequenas perdas com um sorriso, como fatos da vida. Espere incorrer em várias enquanto espera por um grande ganho.

Idealmente, deveríamos agradecer por nossas pequenas perdas, porque elas nos protegem das grandes. Mas isso seria pedir muito. *Agradecer* por uma perda? Jamais conheci alguém capaz disso, ou que o tivesse feito. Em todo caso, se não somos capazes, ao menos podemos aceitar essas pequenas perdas com elegância.

Elas são realmente uma excelente proteção. Se você tem o hábito de cortar seus prejuízos da maneira como vimos discutindo, é difícil que venha a se machucar gravemente. A única maneira de ser apanhado em um desastre do mercado é de surpresa, vendo-se, de repente, na situação de não conseguir vender quando precisa. Pode acontecer em algumas áreas de especulações ilíquidas, como imóveis ou antiguidades, onde você tem de se proteger estudando cuidadosa e constantemente as oscilações dos mercados. Nos mercados diários — ações, mercadorias a futuro etc. —, é mais difícil sofrer um desastre. Quase sempre, você encontrará alguém fazendo mercado para o que estiver querendo vender.

Crie o hábito de aceitar pequenas perdas. Se uma operação não funcionar, caia fora e saia para outra. Não fique sentado em um barco que está afundando. Não se deixe apanhar em ratoeiras.

"Quem espera sempre alcança", diz um antigo provérbio chinês. Se os chineses antigos realmente acreditavam nisso, não devem ter sido bons especuladores. Você, certamente, não deve acreditar; pelo menos no que se refere ao mundo do dinheiro, é uma grande besteira. Se ficar esperando que operações que só deram prejuízos melhorem, estará condenado a decepções frequentes — e à pobreza.

A atitude mais produtiva — e que, notoriamente, não é fácil de adotar — é aceitar as pequenas perdas assim como se aceita qualquer outra circunstância menos agradável da vida financeira; como se aceitam, por exemplo, os impostos e as contas de luz. A lenga-lenga de todo ano com a Receita Federal não tem a menor graça, mas ninguém morre por causa disso. Apenas se diz: "Tudo bem, vamos lá, faz parte da vida. É o preço." Tente encarar as pequenas perdas por esse mesmo ângulo. Fazem parte do custo da especulação. Por meio delas é que se compra o direito de esperar pelos grandes ganhos.

Alguns especuladores preparam-se com antecedência para as pequenas perdas usando ordens *stop-loss*. São ordens de caráter permanente que se dão ao corretor, a fim de limitar perdas; por exemplo, se uma ação pela qual foram pagos US$100 descer a US$90, ou qualquer outro nível que se tenha determinado, ele a venderá automaticamente.

Há quem ache isso bom, há quem não ache. A grande vantagem é que esse tipo de ordem poupa você da angústia de ter de decidir quando vender. Deixa-o preparado para aceitar uma perda, se e quando ocorrer. Você pensa: "Tudo bem, vou entrar nessa parada com US$10 mil. O máximo que eles podem encolher é até US$9 mil, menos as taxas de corretagem." É bom. Com o tempo, e com sorte, você acaba pensando em US$9 mil como a base. Se o corretor tiver de vender a posição, você nem sentirá que perdeu algo significativo.

A desvantagem é que as ordens no *stop-loss* roubam sua flexibilidade. Haverá situações em que você achará sensato vender a ação a US$90; mas outras ocorrerão em que faria mais sentido esperar até US$85. Dando uma ordem desse tipo, a tendência é deixar de pensar.

Esse serviço só existe para certas operações — ações e mercadorias, por exemplo —, e muitas corretoras só o prestam para contas acima de certo volume. Se você especula com moedas ou antiguidades, só há uma pessoa no mundo capaz de ajudá-lo a decidir sobre quando aceitar ou não um prejuízo: você mesmo.

Em minha opinião, é melhor operar sem mecanismos automáticos que decidam as perdas. Em vez disso, use sua própria capacidade na hora das decisões difíceis, e vá ao fundo do poço. Você vai se espantar de como um pouco de treino o deixará experiente — o que será uma vantagem a mais numa vida que implique a aceitação de riscos.

Você e sua conta bancária podem acabar crescendo juntos.

Estratégia especulativa

O 3º Grande Axioma diz que não é para ficar parado, estático, quando surgem os problemas. Diz para cair fora, rápido.

Não reze, não alimente esperanças. Esperanças e orações são ótimas, não há dúvida, mas não fazem parte do instrumental do especulador.

Ninguém acha fácil obedecer aos ensinamentos desse Axioma duro e prático, sem sentimentalismos. Examinamos três obstáculos à sua implementação: medo de se arrepender, incapacidade de abrir mão de parte de um investimento e a dificuldade de admitir erros. Você pode ser vítima de um ou mais desses problemas, e, talvez, em níveis sérios. Mas, de algum modo, terá de resolvê-los.

Os Axiomas tratam de especulação, não de autoanálise, de forma que nada têm a oferecer sobre *como* você poderá superar tais obstáculos. Esse é um processo íntimo, pessoal, provavelmente esse *como* é diferente em cada caso. O 3º Grande Axioma limita-se a dizer que saber perder é essencial para o especulador. É parte da técnica do jogo. O fato de a maioria não conseguir aprender essa técnica é uma das principais razões pelas quais existem tão poucos bons especuladores e jogadores.

4. O 4º Grande Axioma: DAS PREVISÕES

O comportamento do ser humano não é previsível. Desconfio de quem afirma que conhece uma nesga que seja do futuro.

Em 1969, quando o Índice de Preços ao Consumidor subiu cerca de 5%, o consenso entre importantes economistas era de que no começo dos anos 1970 a inflação subiria um pouquinho, mas cederia no final da década. Não cedeu. Dobrou.

Em 1979, quando o índice deu um salto arrasador de 11,5%, era unanimidade entre os sábios que a taxa ficaria nos dois dígitos até meados da década de 1980. Não ficou. Em 1982, estava de volta aos pacíficos níveis de 1969.

É de se pensar: para que ficar dando ouvidos a esses profetas da economia, que sabem tanto do futuro quanto você e eu?

Ouvimos, não tenham dúvida, porque hoje, como desde sempre, o conhecimento do futuro é um dos mais desesperadamente ambicionados objetivos do homem. Se você conseguisse ler hoje as cotações da Bolsa de amanhã, seria um homem rico. É por isso que, cada vez que alguém se levanta e anuncia uma visão do futuro, nós ouvimos com todo o respeito.

Com grande frequência, é um erro ouvir. Em 1929, no dia 23 de agosto, o *Wall Street Journal* dizia a seus leitores que poderiam ganhar muito dinheiro na Bolsa. A bola de cristal do *WSJ*, uma técnica de enxergar o futuro chamada Teoria de Dow, revelava que, no mercado de ações, estabelecera-se "uma forte tendência de alta". E afirmava: "Para os meses vindouros, as perspectivas são mais brilhantes que nunca." O jornal prosseguiu contando vantagens, feliz. Dois meses depois, todo mundo entrou pelo cano.

Mais recentemente, no começo de 1981, Joseph Granville, um guru da Bolsa, anunciou que o mercado estava prestes a despencar. "Vendam tudo!", dizia ele aos milhares de discípulos, assinantes do seu serviço especial de informações. O colapso anunciado não ocorreu. O mercado passou o ano de 1981 numa gangorra, e Granville continuava profetizando o desastre. O ano seguinte, 1982, testemunhou o início de uma alta espetacular, uma das maiores e mais repentinas da história. No mercado que começou aí, quem ficou para trás nunca mais deixou de se lamentar.

Não foi só Granville que não previu a alta, ou previu o contrário. O ano de 1983 foi especialmente desastroso para os oráculos financeiros. Examinem-se os resultados dos administradores financeiros — os profissionais que operam "investimentos" (ou, como preferimos, especulações) de companhias de seguros, fundos de pensão e outros tais. Segundo estimativa do *New York Times*, em 1983, três quintos desses videntes regiamente pagos deram tantos palpites errados sobre o futuro que tiveram lucros menores do que teria um especulador novato que escolhesse ações jogando dados.

A medida mais usada para avaliar o desempenho de um investimento é o índice Standard & Poor, composto por quinhentas ações ao portador. Em 1983, esse índice subiu 22%. Em outras palavras, se nesse ano sua carteira de especulações apresentou um ganho de 22%, significa que você operou na média. A sua nota seria Regular. Segundo a pesquisa do *New York Times*, 60% dos administradores profissionais de dinheiro ficaram *abaixo* disso.

Houve um administrador, outrora famoso, que previu uma queda nas taxas de juros para 1983, de modo que investiu pesadamente em papéis de renda fixa. Os juros subiram e, em consequência, o valor de seus títulos despencou. O mesmo indivíduo achou que as ações de laboratórios farmacêuticos subiriam, e elas caíram; em sua opinião, as mudanças projetadas para a indústria telefônica seriam particularmente benéficas para a MCI, e ele entupiu as carteiras de especulação de seus clientes com papéis dessa empresa. E ela se revelou um fracasso.

A verdade é que ninguém tem a mais remota ideia do que vai acontecer no ano que vem, na semana que vem, nem sequer no dia seguinte. Se você quer chegar a ser alguém como especulador, a primeira coisa a fazer é largar o vício de dar atenção a previsões. É da maior importância jamais levar a sério economistas, especialistas em mercado ou quaisquer outros oráculos financeiros.

Às vezes, eles estão certos, é lógico, e é isso que os torna tão perigosos. Depois de passar alguns anos bancando o profeta, qualquer um deles é capaz de, orgulhosamente, exibir meia dúzia de palpites que deram certo. "Fantástico!", todo mundo exclama. O que nunca aparece na publicidade do profeta é a lista de todas as vezes que ele errou.

"É fácil ser profeta", disse, certa vez, o conhecido economista Dr. Theodore Levitt, na *Business Week*. "Você faz 25 previsões e depois só comenta as que deram certo." Nem todos os magos são assim tão francos, mas, na intimidade, todos concordariam com a fórmula de sucesso do Dr. Levitt. Economistas, especialistas em mercado, oráculos políticos, videntes, todos sabem de cor a regra básica: se não consegue prever certo, preveja muito.

Dá para observar os economistas que todo ano obedecem a essa regra. Nos Estados Unidos, por volta de junho ou julho, os mais conhecidos profetas começam a emitir seus solenes palpites sobre o primeiro trimestre do ano vindouro. Esses palpites, geralmente, referem-se aos grandes indicadores: PNB, taxa de inflação, juros etc. Como, obviamente, estudam cuidadosamente as previsões uns dos outros, a tendência é que, com frequência, ocorra uma extraordinária uniformidade no que eles preveem. Muitos especuladores baseiam suas decisões nesses palpites; empresas poderosas e o governo fazem o mesmo.

Por volta de setembro, todos os anos, o panorama econômico se apresenta levemente diferente, e os economistas aparecem com "revisões" para suas previsões sobre o primeiro trimestre vindouro.

Em novembro, as coisas tornam a mudar, de modo que lemos as revisões das revisões. Em dezembro... Bom, você já viu como tudo funciona. Cada um dos oráculos reza para que ao menos uma de suas previsões seja acertada. O mais provável é que as certas estejam entre as mais recentes, já que foram feitas mais perto do período prognosticado; às vezes, porém, uma das previsões mais antigas acerta na mosca. O profeta tirará grande partido do fato·

"Previ isso em julho!"

Ele terá todo o cuidado em evitar dizer que sua previsão correta foi cancelada e superada por previsões e revisões das revisões, posteriormente divulgadas.

Quanto a mim e a você, solitários especuladores tratando de faturar algum, nosso negócio é cair fora de toda essa lenga-lenga. Se as previsões de junho serão revistas em setembro, e estas reavaliadas em novembro, e depois em dezembro, vou ficar escutando o quê? Aceitar como válidas profecias desse tipo é como comprar uma entrada cuja validade está programada para expirar antes que o espetáculo seja encenado.

Nem todos os oráculos têm sido capazes de organizar essa dança anual de revisões das previsões econômicas, mas são todos seguidores da regra básica. Todos produzem previsões frequentes, e vivem na esperança de que ninguém as examine com muito cuidado.

Sempre foi assim. Um então desconhecido médico francês, Michel de Nostredame, que viveu no século XVI, fez centenas de profecias. É conhecido até hoje pelo seu nome na forma latina, Nostradamus, e reverenciado por uma legião de crentes. Consta que previu coisas como as batalhas aéreas e o rádio.

Pode até ser. Seus versos estão construídos em uma linguagem tão mística e indireta que qualquer um deles pode ser interpretado para significar o que quer que a gente queira que signifique. Certa vez, ao fazer todas as concessões possíveis e imagináveis a favor do antigo vidente, estudei uma centena de seus prognósticos, e cheguei à seguinte suma estatística: três corretas e 18 erradas, e as demais 79 eram umas bobagens tão obscuras que não dava sequer para saber o que o velho francês queria dizer com elas.

Não chega a ser um resultado de impressionar. Contudo, Nostradamus conseguiu ficar famoso no mundo das profecias — uma fama que qualquer oráculo moderno adoraria alcançar.

Nostradamus não acertava com frequência, mas não há dúvida de que previa com frequência.

Mais modernamente, tomemos a atual futuróloga e autoproclamada médium Jeane Dixon. É famosa por alguns palpites que se confirmaram, principalmente um: ela previu o assassinato do presidente Kennedy. Um espanto, não é verdade? É, mas a lista de suas previsões erradas nunca mereceu a mesma divulgação. Segundo Ruth Montgomery, sua biógrafa e discípula, a Sra. Dixon previu que a URSS e a China se uniriam sob um só líder, que o dirigente sindical Walter Reuther seria candidato a presidente dos Estados Unidos, que pesquisas iniciadas no começo deste século resultariam na cura do câncer, que...

Pois é, você já entendeu. O Committee for Scientific Investigation of Claims of the Paranormal (Comitê para Investigação Científica de Afirmações dos Paranormais), grupo de estudiosos sediado na Universidade Estadual de Nova York, em Buffalo, examinou a folha corrida de Jeane Dixon e concluiu que não era pior nem melhor que qualquer palpiteiro normal.

Como uma suposta capacidade de enxergar o futuro tem certo apelo hipnótico, é fácil se deixar fascinar por um profeta de sucesso. No mundo do dinheiro, então, isso é mais verdadeiro ainda. Alguns anos de palpites frequentemente certos são suficientes para um profeta conseguir uma legião de seguidores — em certos casos, uma legião tão grande que as profecias, por isso mesmo, acabam se confirmando.

Foi o que aconteceu com Joseph Granville, o oráculo do mercado de capitais. No começo da década de 1980, havia tanta gente baseando suas decisões nas previsões de Granville que, quando ele dizia que uma coisa aconteceria, ela acabava acontecendo, porque as pessoas acreditavam que aconteceria. Ou seja, quando ele dizia que o mercado cairia, isso assustava os compradores, que desapareciam, fazendo com que o mercado despencasse.

Assim foi no começo de 1981, quando Granville mandou seus discípulos venderem tudo. No dia seguinte a essa famosa advertência, a Bolsa despencou 23 pontos no índice Dow. Wall Street inteira só fazia *ihs!* e *ohs!* Mas que poderoso profeta era o nosso Granville! A queda foi breve, porém impressionante enquanto durou.

Se você fosse um estudioso dos Axiomas de Zurique, poderia ter parecido para você que se tratava de uma exceção à lição do 4º Grande Axioma. Embora a maior parte das profecias não valha um níquel sequer, não seria uma boa opção pôr seu dinheiro num profeta como Granville? Se as previsões dele acabam se confirmando por si mesmas, fazer o que ele diz não equivale, praticamente, a ganhar na certa?

Não. Nem mesmo as profecias que se autoconfirmam o fazem de forma confiável. No mesmo ano de 1981, mais adiante, Granville tornou a testar seus poderes proféticos. Sua bola de cristal lhe disse que na segunda-feira, 28 de setembro, o mercado despencaria de novo. O anúncio foi feito ao mundo. Com base nisso, alguns especuladores compraram, outros venderam a descoberto. Como Granville, estavam convencidos de que o mercado cairia.

O que aconteceu foi que a Bolsa de Nova York, naquele dia, registrou uma das maiores altas da história; no dia seguinte, Tóquio e os mercados europeus acompanharam.

Alguns seguidores de Granville ficaram muito surpresos, mas não era para terem ficado: acabavam, apenas, de assistir à comprovação de que Granville é como todo mundo — às vezes acerta, às vezes erra.

Todo profeta às vezes acerta, outras vezes erra — na verdade, eles erram mais do que acertam, mas quem é que vai adivinhar? Para isso seria necessário fazerem-se previsões acerca das previsões dos profetas. E, se fôssemos capazes dessas previsões, para que precisaríamos de profetas? Como não somos, não podemos apostar em nada do que eles dizem. Assim, vamos deixar de lado essa coisa de ficar tentando dar uma espiadinha no futuro. Não dá.

Vejamos outro exemplo. Em 1970, um editor de economia, colunista e oráculo financeiro chamado Donald L. Rogers publicou um livro intitulado *How to Beat Inflation by Using It* [*Como usar a inflação para derrotá-la*, em tradução livre]. O livro ficou conhecido pelo conselho (magnificamente errado) de que não se devia comprar ouro. Ainda assim, podemos perdoar Rogers por seu erro de previsão. Ouro era o ponto cego de todas as bolas de cristal da época. Mais interessante é a relação de ações que o profeta achava que teriam um bom desempenho nos anos subsequentes.

Rogers defendia que terras constituiriam boa proteção contra a inflação. Assim, imaginava ele, era boa ideia comprar ações de empresas que possuíssem muitas terras. Com base nisso, recomendou as ações a serem compradas.

Desde então, algumas de suas recomendações renderam bastante bem. A Warner Communications, por exemplo. Se você tivesse comprado a ação em 1970, poderia tê-la vendido com belos lucros em vários momentos, até a empresa começar a ter problemas, em meados de 1983. Outras ações listadas por Rogers, como a ITT, por exemplo, foram catastróficas.

O problema é o seguinte: se você tivesse lido o manual de sobrevivência de Rogers em 1970, e aceitado alguns de seus prognósticos, como teria se saído?

Pois é, dependeria da sua sorte. Da lista dele, se você tivesse escolhido ganhadores, teria ganhado; se tivesse escolhido perdedores, teria perdido. A sorte manteve o tempo todo o controle dos resultados. Sendo assim, uma boa pergunta seria: então, para que ficar escutando profetas?

Passados o tempo e os fatos, pode parecer injusto ficar crucificando Rogers e outros oráculos. Nada mais fácil do que ficar aqui sentado, hoje, e dizer quais foram e quais não foram as boas especulações dos anos 1970. Seria compreensível se um desses profetas me desafiasse:

"Olhe aqui, seu Gunther, quem é que lhe dá o direito de ficar aí catalogando nossos palpites errados? Você seria capaz de se sair melhor? É tão bom profeta assim?"

Eis aí uma boa pergunta. Não, não sou profeta, e é exatamente isso que estou dizendo. Jamais fiz qualquer tentativa séria de ler o futuro (embora, é claro, esteja sempre pensando nele), nunca disse que *era capaz* de ler o futuro — na verdade, acabo de gastar várias páginas para dizer que não há como fazê-lo. As pessoas que estamos criticando aqui, porém, afirmam poder enxergar à frente. Estabeleceram-se como oráculos, são pagas por seus prognósticos e sabem, ou deveriam saber, que há pessoas que tomam importantes decisões com base no que elas afirmam. Parece-me perfeitamente justificável, então, responsabilizar esses profetas por suas profecias. Se o que eles vendem é um boletim de profecias, temos todo o direito de submeter esse serviço a uma análise crítica, e tentar descobrir quanto vale.

A conclusão é que não vale grande coisa. Ficar dando atenção a profetas não dá lucro nenhum.

Há coisas que podem ser preditas. Sabemos precisamente, por exemplo, a que horas o sol se levantará a cada manhã. Tabelas de marés são feitas com meses de antecedência. O calendário que o banco me dá de brinde, todo mês de janeiro, diz quais serão as fases da lua nos 12 meses seguintes. Previsões do tempo são menos confiáveis, mas, ainda assim, são razoavelmente dignas de crédito, e têm melhorado.

Por que tais coisas podem ser previstas, e por que essas previsões são confiáveis? Porque se trata de eventos físicos. Os Axiomas de Zurique, porém, tratam do mundo do dinheiro, que é um mundo de eventos humanos. Não há método, não existe ninguém capaz de prever eventos humanos.

Uma das armadilhas em que os profetas do mundo do dinheiro costumam cair é a de se esquecerem que estão tratando do comportamento humano. Falam como se coisas como a taxa de inflação ou os altos e baixos do índice Dow fossem eventos físicos. Ao encarar assim esses fenômenos, é compreensível que o oráculo se deixe levar pela ilusão de que eles são passíveis de previsão. A realidade, porém, é que os fenômenos envolvendo dinheiro são manifestações do comportamento humano.

A Bolsa de Valores, por exemplo, é um gigantesco mecanismo de emoções humanas. O que homens e mulheres estão fazendo, pensando ou sentindo é que determina as altas e baixas das ações. O preço das ações de determinada empresa não sobe por causa de dados abstratos num balancete, nem porque as perspectivas futuras da empresa são objetivamente boas. O mercado não desaba porque um computador, num canto qualquer, de algum modo, resolveu que está subindo a pressão vendedora, mas porque as pessoas estão preocupadas, desanimadas ou temerosas Ou simplesmente porque vem vindo um fim de semana prolongado, quatro dias com feriados, e os compradores foram todos para a praia.

O mesmo ocorre com todos os grandiosos índices e números com que os economistas gostam de brincar: PNB, o nível da construção civil, as taxas de inflação. Tudo resulta de interação humana, homens e mulheres incansavelmente empenhados na eterna batalha pela sobrevivência, pelo autoaperfeiçoamento. A mesma coisa acontece com os resultados finais desses índices fermentando juntos: recessões, recuperações e explosões de crescimento, bons e maus tempos. Tudo causado por gente, por pessoas.

E, assim, tudo é totalmente imprevisível.

O fato, simplesmente, é que são muitas as variáveis envolvidas para que se possa obter uma previsão confiável de algo como a taxa de inflação. Essa taxa resulta de milhões de pessoas tomando bilhões de decisões: operários decidindo quanto querem ganhar, patrões decidindo quanto querem pagar, consumidores estabelecendo os preços que estão a fim de engolir e todo mundo tomando decisões sobre sentimentos difusos de épocas duras ou de prosperidade, temor ou segurança, descontentamento ou entusiasmo. Alguém afirmar que é capaz de produzir previsões confiáveis a respeito de uma complexidade espantosa como esta parece arrogante — e mais: parece ridículo.

Como diz o 4º Grande Axioma, o comportamento humano é imprevisível. Como no mundo do dinheiro todas as previsões se referem a comportamento humano, o melhor é não levar nenhuma delas a sério.

Levá-las a sério pode conduzi-lo por tristes e soturnos caminhos. O mercado de ações, provavelmente, é o que oferece alguns dos exemplos mais cruéis. Tomando um deles ao acaso, vejamos a previsão para 1983, da *Value Line Investment Survey*, publicação da empresa Value Line, sobre Computadores Apple.

A Value Line vende um serviço oracular periódico no qual avalia o que chama de "desempenho" das ações nos 12 meses futuros. Em outras palavras, espia o futuro de cada ação, e diz o que acha que vai acontecer com o preço delas ao longo do ano.

É preciso que se diga: nos últimos anos, a Value Line tem se saído muitíssimo bem em suas previsões. Contudo, estamos aqui diante da mesma situação que discutimos em relação a Donald L. Rogers e sua lista de compras para 1970. Se você fosse assinante da *Value Line Survey* e levasse suas previsões ao pé da letra, seu destino financeiro muito dependeria da sorte de aproveitar as boas profecias e descartar as más.

E como houve más profecias! Uma das piores dizia respeito à Apple. No dia 1º de julho de 1983 a Value Line publicou uma lista de "Ações Escolhidas por Desempenho". Fazia parte dessa relação elitista a Apple, então negociada a cerca de US$55.

Alguns meses depois, estava a US$17,25.

As causas da debacle, é claro, foram fatores que a Value Line não tinha como prever em julho. Ao explicar uma previsão que deu errado, o oráculo sempre pode alegar "fatores imprevisíveis". Mas é exatamente esse o problema. *Toda* previsão corre o risco de topar com fatores imprevisíveis pela proa. Nenhuma previsão que implique comportamento humano pode ser 100% composta de fatores previsíveis. Toda previsão implica risco. Nenhuma, jamais, é confiável.

Muitos dos que compraram Apple em 1983 devem ter vendido antes que o papel atingisse seu ponto mais baixo. Alguns, agindo conforme o 3º Grande Axioma, talvez tenham abandonado o barco apenas com pequenos prejuízos. Há situações, porém, em que é impossível pular fora a tempo. Uma previsão errada pode, se você não for precavido, amarrá-lo durante anos a uma situação de prejuízo.

Vejamos o caso daqueles pobres coitados que, entre o início e meados da década de 1970, compraram CDBs de longo prazo. Conforme já observamos, economistas haviam previsto que as taxas de juros subiriam no começo dessa década e, em seguida, se nivelariam ou até mesmo cairiam um pouco. A primeira parte da previsão se confirmou. As taxas subiram. Bancos começaram a oferecer CDBs de quatro e de seis anos a taxas de juros nunca vistas: 7%, 8% ao ano.

Para obter esses imensos ganhos — do ponto de vista do começo dos anos 1970, eram imensos — você era obrigado, logicamente, a dar adeus ao seu dinheiro por determinado número de anos. Não havia como sair, exceto por acordos especiais, que implicavam dolorosas penalidades. Como é que os banqueiros conseguiram convencer o pessoal a deixar o dinheiro trancafiado com eles esse tempo todo? Conseguiram-no divulgando e repisando a tal previsão dos economistas.

"Olhem aqui, são 7% que vocês vão levar!", dizia o gerente de banco ao casal candidato a depositante, que apertava nas mãos trêmulas as economias de uma vida inteira. "Onde já ouviram falar de uma taxa dessas? São capazes de *imaginar* um ganho maior? Nunca! O negócio é vocês pegarem enquanto é possível. Os maiores economistas estão dizendo que os juros vão baixar no ano que vem, ou no próximo, e nosso pessoal aqui também acha. Vocês fecham nesses 7% e ficam só olhando e rindo das coisas acontecendo!"

O discurso era fantástico. Até as previsões darem errado.

As taxas continuaram subindo, alcançando níveis inimagináveis. No final da década, havia bancos oferecendo CDBs de seis meses a taxas de 10%, 11%, algo de arrepiar os cabelos.

Esses papéis de seis meses se tornaram muito populares, com muita gente querendo tê-los. Inclusive a turma que estava com o seu capital cumprindo penas de seis anos, a 7% ao ano.

Estratégia especulativa

O 4º Grande Axioma diz para você não montar seu programa especulativo com base em previsões, porque isso não dá certo. Esqueça todos os prognósticos. No mundo do dinheiro, um mundo moldado pelo comportamento humano, ninguém tem a mais remota ideia do que acontecerá no futuro. Preste bem atenção: *ninguém*.

Claro, todos nós pensamos no que talvez venha a acontecer, e nos preocupamos com isso. Mas tentar escapar a essas preocupações apoiando-se em previsões é pobreza na certa. O especulador de sucesso não baseia suas jogadas no que, supostamente, *vai acontecer*; ele reage ao que *realmente acontece*.

Trace seu projeto especulativo com base nas reações rápidas a eventos que você vê acontecendo à sua frente, na hora. Naturalmente, ao escolher um investimento e colocar seu dinheiro nele, você tem esperança de que seu futuro será brilhante. Essa esperança, presumivelmente, vem de muito estudar e de muito pensar. O ato de pôr dinheiro na operação é, por si só, uma espécie de previsão. Você está pensando: "Tenho razões para esperar que isso dê certo." Não deixe, contudo, que esse pensamento se congele num pronunciamento oracular: "Vai dar certo porque as taxas de juros cairão." Nunca, jamais, perca de vista a possibilidade de ter apostado no cavalo errado.

Se a especulação der certo, e você se vir a caminho da linha de chegada preestabelecida, tudo bem. Mas se, apesar de todas as promessas, de todos os profetas, as coisas começarem a desandar, lembre-se do 3º Grande Axioma: abandone o barco.

5. O 5º Grande Axioma: DOS PADRÕES

Até começar a parecer ordem, o caos não é perigoso.

Irving Fisher, famoso professor de economia de Yale, fez uma fortuna na Bolsa. Impressionada com a combinação de credenciais acadêmicas impecáveis e conhecimentos práticos de investimentos, muita gente correu para pedir seus conselhos.

"Os preços das ações parecem ter atingido um patamar permanentemente alto", disse ele, em setembro de 1929, pouco antes de sair quebrado da maior debacle jamais vista em Wall Street.

É isso aí. No momento em que você começa a acreditar ter enxergado um padrão de ordem nos assuntos que envolvem seres humanos, inclusive nos de cunho financeiro, está correndo risco.

Fisher acreditou que, por sua esperteza, havia derrotado o mercado, quando tudo não passava de pura sorte. Acreditava ter enxergado padrões em meio ao caos. Com isso, acreditou também ser possível criar fórmulas e estratégias para a exploração desses padrões; mais até: acreditou ter, realmente, descoberto essas fórmulas e estratégias.

Coitado do velho Fisher. Quis a sorte que, por um instante, ele voasse mais alto, para maior ser sua queda. Durante uns poucos anos, os fatos pareceram confirmar sua ilusão de ordem.

"Vejam!", dizia ele. "Justamente como eu previ. A Bolsa se comporta exatamente como calculei que se comportaria."

E de repente... pimba! O fundo pareceu se abrir, e o mercado veio abaixo. Aferrado à sua ilusão de ordem, Fisher não estava preparado para o fim do período de sorte. E lá se foram ele e uma multidão de outros investidores desorientados, aos trambolhões, cano abaixo.

A armadilha em que o professor Fisher foi apanhado — a ilusão de ordem — pegou milhões de outros, e continuará pegando investidores, especuladores e jogadores por toda a eternidade. Não é só nas esquinas de Wall Street que ela espreita os desprevenidos; é também nas galerias de arte, corretoras de imóveis, cassinos e leilões de antiguidades. Onde quer que se arrisque e se perca dinheiro. A ilusão é mais que compreensível. Afinal de contas, onde é que se encontra mais ordem que no dinheiro? Por mais que o mundo se descabele, quatro vezes US$0,25 sempre somam US$1. O dinheiro parece frio, racional, submisso à análise racional e às manipulações. Para ficar rico, parece suficiente encontrar um enfoque sólido e racional: a *Fórmula*.

Todo mundo está atrás dessa Fórmula. Mas, infelizmente, ela não existe.

A verdade é que o mundo do dinheiro é desordenado, sem nenhum padrão de comportamento, um caos absoluto. De vez em quando, parecem formar-se padrões ou desenhos, como em um céu de nuvens ou na espuma do mar que quebra na praia. Mas são efêmeros. Não constituem uma base sólida sobre a qual se possa erguer um plano. São atraentes, mas estão sempre enganando pessoas espertas como o nosso professor Fisher. O especulador realmente esperto, porém, percebe, sabe do que se trata, e passa ao largo.

Essa é a lição do 5º Grande Axioma. É possível que seja o Axioma mais importante. É o Axioma Imperial. Tendo-o absorvido, você será um especulador/investidor mais competente do que o professor Fisher jamais foi, com todos os seus montes de títulos universitários. Só este Axioma, uma vez entranhado em você, será suficiente para separá-lo do rebanho, afastá-lo da vala comum dos perdidos, dos perdedores cheios de esperanças vãs.

Em matéria de ordem, algumas das maiores ilusões se encontram no mundo das artes. Este é um mundo no qual se pode ganhar uma fortuna com espantosa rapidez. O segredo é se apegar aos artistas baratinhos, antes que eles criem fama. Como Louise Moillon, por exemplo, uma pintora francesa do século XVII. Há pouco tempo, em um leilão realizado no interior, uma mulher pagou US$1.500 por um quadro dela. Um ano depois, Louise Moillon entrou na moda, e a mesma tela foi vendida em Nova York por US$120 mil.

Isso é o que se chama uma especulação bem-sucedida, algo que poderia ser um bom impulso nas finanças de qualquer pessoa. Mas por onde é que se entra nessas coisas? Como dizer que, de repente, um artista obscuro se tornará o centro das atenções?

Bem, existem especialistas que garantem ter resolvido essas questões. Enxergam padrões que ninguém mais enxerga. Têm fórmulas. São capazes de reconhecer Arte com A maiúsculo antes de o resto do mundo jogar os preços lá para o alto. São capazes de entrar em um leilão lá onde Judas perdeu as botas, onde está todo mundo se esbarrando no escuro, e exclamar:

"Uau! Olhe só isto aqui! Em Nova York vai valer mais de US$100 mil no próximo ano!"

Então, o negócio é consultar diversos desses especialistas, não é verdade?

Certo. Nesses moldes é que foi criado o Fundo Soberano da Arte Americana. Basicamente, tratava-se de um fundo mútuo que se propunha a enriquecer seus acionistas comprando e vendendo arte. Compras e vendas seriam executadas por especialistas, profissionais experimentados cujo senso crítico superior os ajudaria a identificar as tendências nascentes e as futuras Moillons, antes que o resto do mercado de Arte as farejasse.

Eis uma belíssima ilusão de ordem. Atraiu investidores de todos os portes. O fundo foi aberto ao público a US$6 a cota, e vendeu todas. Não sobrou nenhuma.

O que ninguém parece ter se dado conta é de que, em um jogo delicado como o do mercado de arte, um grupo de profissionais pode amargar a mesma falta de sorte que um bando de atabalhoados amadores. O fundo entrou comprando obras-primas que pareciam prometer. Alguns meses depois do lançamento, suas cotas eram negociadas a mais de US$30. Pelo menos alguns dos especuladores originais conseguiram ganhar alguma coisa. Mas logo chegou o desânimo. As obras adquiridas não eram tão primas quanto pareciam à primeira vista. Artistas obscuros foram ficando cada vez mais obscuros.

Uma tela cara foi apontada como falsificada. O valor das cotas despencou. Dois anos depois de inaugurado o fundo, elas eram oferecidas a US$0,75.

Os fundos mútuos de Wall Street contam histórias semelhantes. Ilustram com fria clareza a futilidade de se procurarem padrões no caos — e, principalmente para o especuladorzinho médio, os perigos.

Examinemos a aparentemente infinita promessa dos fundos mútuos. Esses grandes aglomerados de dinheiro público são administrados por profissionais de primeira. São espantosas as proezas universitárias desses homens e mulheres, assim como seus salários. As necessidades deles são atendidas por multidões de assistentes. Têm à sua disposição imensas bibliotecas especializadas em fatos e teorias financeiras. Suas cogitações são movidas a computadores e outros custosos equipamentos. Sem sombra de dúvida, são os teóricos de investimentos que mais estudaram, os mais bem-pagos e equipados do mundo.

Assim, se em meio à desordem fosse possível discernir um padrão usável e criar uma fórmula para se jogar no mercado que funcionasse, esse seria o pessoal para fazê-lo. Na realidade, deveriam tê-lo feito há muito tempo.

Até agora, porém, essa fórmula lhes vem escapando.

O mais triste é que os fundos mútuos são especulações como quaisquer outras; seus administradores às vezes ganham, outras vezes perdem. É o máximo que se pode dizer sobre eles. Todos aqueles cérebros de alta voltagem, todo aquele dinheiro e todos aqueles computadores não foram capazes de torná-los mais espertos nem mais bem-sucedidos que o especulador solitário, que opera apenas com sua dor de cabeça e uma calculadora barata. Na realidade, como grupo, às vezes os fundos mútuos conseguem ter um desempenho pior que a média. Certa vez a revista *Forbes* fez um gráfico com a performance dos preços das cotas dos fundos em mercados em baixa, e apurou que 90% deles caíam tão rápido quanto os das ações de modo geral, ou mais rápido ainda.

Apesar de tudo, os administradores de fundos prosseguem, teimosamente, na busca dessa fórmula mágica. Buscam porque são pagos para isso; além do mais, em muitos casos, talvez na maioria, continuam buscando porque realmente acreditam que, em algum lugar, deve haver essa fórmula, que é apenas questão de seus computadores serem espertos o bastante para esbarrarem com ela.

Você e eu, naturalmente, sabemos que a razão pela qual não encontram a fórmula é só uma: ela não existe.

Sim, sem dúvida, você é capaz de ganhar dinheiro investindo em um fundo mútuo — se tiver a sorte de escolher o fundo certo, na hora certa. O fato é que quem adquire cotas de um fundo mútuo corre os mesmos riscos de quem compra ações isoladamente, ou obras de arte, ou seja lá o jogo em que prefira apostar.

No ano seguinte, alguns administradores de fundos de ações terão mais sorte; outros, menos. Alguns serão os "quentes". Os valores de suas cotas subirão mais depressa, ou cairão mais devagar do que a média. O diabo é descobrir *quais*?

De modo que retornamos à estaca zero. Se preferir especular em cotas de fundos, estará operando no mesmo caos que encontraria se estivesse especulando diretamente com ações, arte, mercadorias, moedas, metais preciosos, imóveis, antiguidades ou rodas de pôquer. Para você, as regras do jogo têm de ser as mesmas, seja ele fundos mútuos ou qualquer outra coisa. *Especialmente* no caso dos fundos, não se deixe levar pela ilusão de que existe ordem onde não há nenhuma. Mantenha a cabeça fria e os Axiomas bem à mão.

Mantenha-os sempre à mão quando ler ou ouvir conselhos sobre investimentos. Os conselheiros, em sua maioria, têm à venda algum tipo de "ilusão de ordem", porque é isso que vende.

São ilusões reconfortantes e cheias de promessas. Investidores modestos, pessoas que já saíram chamuscadas ou acham que, por ignorância ou medo, perderam oportunidades (e quem não acha?), fazem fila à porta de um conselheiro que ofereça uma fórmula plausível, ordenada, para se ganhar dinheiro. Mas você deve encarar com ceticismo qualquer um desses conselheiros. Quanto mais seguro, quanto maior for sua aparência de banqueiro, mais se deve desconfiar, pois mais distante estará o sujeito de admitir que o negócio dele é o caos, que jamais conseguiu se entender ali, nem espera consegui-lo, e, como todo mundo, tem de correr seus riscos.

Alfred Malabre Jr., um dos editores do *Wall Street Journal*, é um especulador que aprendeu direito a lição. Preparando-se para uma longa estada no exterior a serviço, Malabre procurou quem o ajudasse com seus investimentos. Queria uma pessoa prudente e competente para tomar conta da sua carteira de ações enquanto estivesse fora. Não era lá uma carteira muito grande, mas, lógico, ele queria que ficasse protegida. Caso o mercado despencasse ou algo semelhante acontecesse enquanto estivesse fora, Malabre queria ter alguém a postos para liquidar seus papéis ou tomar a iniciativa que se fizesse necessária.

Saiu procurando. Em seu livro *Investing for Profit in the Eighties* [*Investimentos e lucros nos anos 80*, em tradução livre], ele conta que seu olho bateu no First National City Bank of New York, hoje conhecido como Citibank. Como a maioria de seus concorrentes, o Citibank oferecia um serviço de administração de carteiras de ações. Se você tivesse um capital e não quisesse operar sozinho, jogando com ele, ou se estivesse temporariamente impedido de fazê-lo — como era o caso de Malabre —, colocava seu dinheiro nas mãos do banco, que o arriscaria por você. Em troca de remuneração, naturalmente.

"Bem, está resolvido", pensa Malabre. "Parece uma boa solução para o meu problema. Afinal, estou escolhendo o Citibank, um dos dez ou 15 maiores bancos na face da Terra. O que esses caras não souberem a respeito de dinheiro provavelmente não vale a pena saber. Não posso estar errado em entregar essa minha mixaria nas mãos deles. Onde vou encontrar uma custódia financeira de gente mais confiável, mais prudente, mais esperta? Com toda a certeza, enquanto eu estiver fora, eles não vão perder um centavo sequer do meu dinheiro. Talvez até me façam ganhar uma fortuna!"

Foi isso que Malabre pensou.

Estava padecendo de uma perfeitamente compreensível ilusão de ordem. Onde seria possível encontrar mais ordem do que em um gigantesco banco de Nova York? Um operador solitário, desorientado, é capaz de ir, vir, ficar dando voltas, e acabar transformando uma rica carteira em pó; um grande banco, nunca. Um banco desses deve ter suas fórmulas trancafiadas em cofres-fortes. Sempre sabe o que fazer.

A consequência: por pouco os banqueiros não levaram Malabre à falência. Compraram-lhe um pacote de Avon Products ordinário a US$119; passados dois anos, estavam a menos de US$20. Entupiram-no com Sears a US$110, e ficaram olhando até bater US$41,50. Compraram IBM a pouquinho menos de US$400, e ela foi parar em US$151. Somente medidas drásticas, tomadas pelo próprio Malabre, evitaram a catástrofe.

O que dói ensina. Tão cedo Malabre não esquecerá a lição do Citibank. Você, porém, pode aprender a mesma lição, sem dor, sem se machucar. E a lição é a seguinte: cuidado com qualquer especialista em aconselhamento que, observando o panorama financeiro, afirma enxergar outra coisa que não o caos. Quanto mais ordenado o panorama parecer ao conselheiro, ou conselheira, menos esse senhor, ou senhora, merece sua confiança.

Quando você deposita sua confiança em uma ilusão de ordem, está se ninando para um perigoso sono. Nenhum dos Axiomas de Zurique diz, especificamente, que você tem de ficar de olhos abertos, mas a necessidade está implícita em todos eles. Não cochile, pois pode acordar com seu dinheiro entrando pelo cano.

Se estiver a fim de passar uma tarde divertida e instrutiva, observando como se constroem ilusões de ordem, passe em uma livraria e dê uma espiada nesses livros que ensinam a ficar rico de um dia para o outro. Qualquer livrariazinha tem uma porção deles. Encontrará uma ampla variedade de opções de investimentos, talvez até algumas que lhe agradem bastante. Como enriquecer com imóveis. Como faturar alto com moedas raras. Como fazer fortuna com filatelia, títulos públicos, debêntures, prata, ouro... a lista não acaba.

Preste atenção em uma característica desses livros. A maioria é escrita por gente que afirma ter acumulado fortuna pessoal com o esquema ali descrito. Um título típico seria *Como engordei meu capital com carne de porco,* que, no caso, significaria "como aumentei meu capital negociando com carne de porco na bolsa de futuros".

Será que esses conselheiros estão falando a verdade? Sim, pode-se dizer que, à maneira deles, estão.

Não há por que ser desnecessariamente cínico a esse respeito. Em quase todos os casos, podemos presumir que os relatos são autênticos. Contudo, não somos obrigados a nos deixar envolver na ilusão de ordem do autor.

Ele acredita que ficou rico por ter encontrado a fórmula verdadeira. Mas nós sabemos que ficou rico porque deu sorte.

Se você estiver em uma maré de sorte, qualquer arremedo de esquema o fará ganhar dinheiro. Na maré contrária, não há um sequer que funcione. Alguns desses conselheiros admitem — assim como os Axiomas de Zurique — o importantíssimo papel da sorte. Aliás, os Axiomas não apenas o admitem, mas se baseiam em que, isoladamente, a sorte é o dado mais poderoso no sucesso ou fracasso de qualquer especulação.

A maioria dos "especialistas", porém, ignora a sorte, faz de conta que ela não existe, ou a menciona o mais de passagem possível. Como os banqueiros do Citibank e os administradores do Fundo Soberano de Arte Americana, o negócio deles é vender um elixir milagroso: um sistema ordenado, a sensação de exercer o controle. Vá por mim, meu filho, não tenha receio, eu conheço o caminho das pedras. Foi por aí que enchi os bolsos. Basta seguir essas dicas bem simples, passo a passo...

Tudo bem. Se quiser, pode seguir — talvez até o seu juízo final financeiro. O caso é que a fórmula que deu certo no ano passado não dará certo, obrigatoriamente, este ano, com um diferente conjunto de circunstâncias financeiras fervendo no caldeirão. Nem a fórmula que funcionou para o seu vizinho funcionará, necessariamente, para você, diante de uma série de casuísmos totalmente diferentes.

O fato é que não se pode confiar em nenhuma fórmula que ignore o papel dominante da sorte. Essa é a importante verdade do 5º Grande Axioma. E a verdade nos liberta.

O que assinala o papel da sorte não é apenas a possibilidade de esses conselheiros estarem espetacularmente errados; é também o fato de que, frequentemente, vamos topar com dois desses sábios dando conselhos diametralmente opostos sobre o mesmo tema. Aqui na minha estante, por exemplo, tenho dois livros: *How Wall Street Doubles My Money Every Three Years* [*Como Wall Street dobra o meu dinheiro a cada três anos*, em tradução livre], de Lewis Owen, e *The Low-High Theory of Investment* [*A teoria baixa-alta de investimentos*, em tradução livre], de Samuel C. Greenfield.

Owen diz que devemos comprar ações cujos preços estejam em alta há um ano ou perto disso. A ilusão de ordem de Owen diz que alguma espécie de "*momentum*" (que é como ele trata) tenderá a continuar impulsionando os preços. Assim, um papel em alta continuará em alta.

Greenfield diz que devemos comprar ações cujos preços estejam em baixa há um ano ou quase isso. A ilusão de ordem de Greenfield assegura que os preços vivem em uma gangorra, de forma mais ou menos previsível. Assim, um papel cujo preço se aproxima do fundo do poço não tardará a subir.

Não é possível que ambos os sábios estejam certos. O fato é que os dois estão errados.

A verdade é a seguinte: o preço de uma ação, ou de qualquer coisa que se compre visando o lucro, subirá se tivermos sorte.

5º AXIOMA MENOR

Cuidado com a Armadilha do Historiador.

A Armadilha do Historiador é um tipo especial de ilusão de ordem. Baseia-se na crença, antiquíssima e totalmente sem fundamento, de que a história se repete. Quem acredita nisso — talvez 99 de cada 100 pessoas na face da Terra — como corolário acredita que a repetição ordenada da história permite, em determinadas circunstâncias, previsões corretas.

Desse modo, suponhamos que, no passado, em determinado momento, tenha ocorrido o Evento A, que foi seguido pelo Evento B.

Passam-se alguns anos, e testemunhamos a repetição do Evento A.

"Ah-ah!" diz quase todo mundo. "Aí vem o Evento B!"

Não é assim que a banda toca. Não caia nessa. Às vezes, a história se repete, é verdade; com grande frequência, porém, isso não acontece. Mesmo quando a repetição ocorre, jamais é de forma confiável a ponto de você poder apostar com prudência o seu dinheiro.

Geralmente, as consequências da Armadilha do Historiador não costumam ser graves. "Se estiverem à frente no terceiro tempo, ganham o jogo." "Toda vez que a gente combina de se encontrar para um drinque, ela inventa um problema no escritório e chega atrasada." "Ninguém que perdeu a primária de New Hampshire jamais ganhou a Presidência." As pessoas estão sempre se deixando embrulhar nessas expectativas não confiáveis — o que é uma bobagem, mas, de modo geral, não oferece perigo. Quando seu dinheiro entra no negócio, porém, a Armadilha do Historiador se torna perigosa. Você pode acabar duro!

No ramo de assessoria financeira, a armadilha surge em todo canto, é ubíqua. Era de crer que, tendo observado vezes sem conta que os eventos raramente ocorrem como esperam, a maioria dos assessores tivesse aprendido a evitar a armadilha. Pois é, mas a ilusão de ordem — ou talvez a necessidade de acreditar em ordem — é forte demais.

Existem, em Wall Street, escolas de pensamento inteiras que repousam em falácias originárias da Armadilha do Historiador. Analistas de ações e outros valores recuam no tempo até o último mercado de certos papéis, ou de grupos de papéis, que conheceu uma alta explosiva, e reúnem montanhas de fatos a respeito de tudo que à época ocorria à sua volta. Registram que o PNB estava em alta, a taxa de juros caía, a indústria do aço tinha um bom ano, seguros não eram lá essas coisas, o time do White Sox segurava a lanterna, o presidente tinha uma tia Matilda que andava resfriada. Passam, então, a esperar que a mesma configuração de circunstâncias torne a ocorrer. E quando a portentosa constelação se apresenta, dão pulos de entusiasmo:

"Olhem só! Tudo igualzinho! Vem uma alta por aí, tão certo quanto dois e dois são quatro!"

Pode ser que sim. Mas também pode ser que não.

Frank Henry conheceu uma moça que mergulhou de cabeça na Armadilha do Historiador, e quase morreu. Era uma funcionária subalterna, malpaga, da União de Bancos Suíços. Com a morte do pai, herdou algum dinheiro, que resolveu investir a fim de subir na escala social, deixar a classe dos remediados. Frank Henry gostou de sua bravura, tomou pela moça certo interesse de avô, e quando ela pedia, dava-lhe conselhos.

Do que aprendera em sua vidinha de bancária, interessou-se pelas operações com moedas. É um jogo de alto risco, e quando se ganha, os lucros são proporcionais. A base do jogo é a maneira inconstante como as moedas do mundo flutuam, variando os valores de umas em relação às outras.

Para entrar no jogo você compra, digamos, um punhado de ienes japoneses, e paga por eles em dólares. Espera que o iene se valorize em relação ao dólar. Se isso ocorrer, você sorri e descarrega seus ienes, recebendo por eles mais dólares do que pagou. Uma vez que os valores das moedas são muito voláteis, e como os negócios são feitos com pesadas garantias, ou seja, você põe uma quantidade relativamente pequena do seu, tomando o resto emprestado do corretor, sua alavancagem é muito grande. De um dia para o outro, dá para dobrar seu capital; e, da mesma forma, dá para arrebentar seus dentes financeiros, se as coisas andarem ao contrário.

Nesse ramo, a maioria dos pequenos especuladores joga com poucas moedas, em geral, duas apenas. Foi o que fez a nossa jovem. Julgava compreender bastante bem a inter-relação do dólar americano com a lira italiana. Frank Henry deu força quando viu que ela jogava um jogo de cada vez — uma decisão acertada para um iniciante. Começou a se preocupar, porém, quando a viu entrando na Armadilha do Historiador.

Certo dia, a moça contou-lhe ter feito um estudo completo das altas e baixas do dólar e da lira, e sua inter-relação ao longo da história. Levantamentos desse tipo podem ser úteis em qualquer situação de investimento, desde que não sejam feitos com base no pressuposto de que a história se repetirá. Infelizmente, o pressuposto da moça era esse mesmo.

Segundo seus estudos, contou ela a Frank Henry, quando o franco suíço subia, quando as relações russo-americanas esfriavam e quando diversos outros indicadores econômicos e diplomáticos internacionais ocorriam, a lira sempre se valorizava em relação ao dólar. Ela se propunha a esperar que os indicadores lhe dessem o sinal histórico para, então, mergulhar de cabeça no jogo.

A essa altura os Axiomas de Zurique ainda não se encontravam completamente formulados. Frank Henry ainda não dispunha de um rótulo competente como "Armadilha do Historiador", com o qual pudesse identificar o que julgava ser uma falha no raciocínio dela. Fez o que pôde para dissuadi-la, mas a moça estava empolgada demais, não conseguia nem escutar. É o que acontece, quase sempre, com descobridores de novas fórmulas de ganhar dinheiro.

"Ela achava que havia encontrado uma espécie de chave mágica", disse Frank Henry, com tristeza. "Perguntei como é que, apesar de anos e anos procurando, milhares de outras pessoas igualmente inteligentes nunca haviam encontrado nada, e ela disse que não sabia nem estava interessada em saber. Era tão grande sua excitação que, quando um rapaz a convidou para jantar em um restaurante italiano, ela passou metade da noite discutindo taxas de câmbio com o *maître*."

Finalmente, acendeu-se a luz verde dos indicadores internacionais, e lá se foi ela. Tornou-se proprietária de uma montanha de liras, que, ato contínuo, começou a encolher em relação ao dólar.

Quando o prejuízo atingiu cerca de 15% do capital, Frank Henry recomendou que ela vendesse. Mas a ilusão de ordem era muito alta. A moça estava convencida de que bastava esperar, pois sua fórmula acabaria funcionando. Sempre funcionara, não seria agora que não daria certo. O mercado é que estava errado!

O fato é que ela estava enxergando o mundo pelo avesso. Fórmulas podem estar erradas; o mercado, nunca. O mercado é o mercado, nem mais, nem menos. Não faz previsões nem promessas. *Está ali,* e basta. Discutir com ele é como sair em uma tempestade de neve gritando que só deveria nevar no dia seguinte.

Nossa jovem discutia sem parar. O mercado internacional de câmbio recusava-se a entender. Frank Henry jamais ficou sabendo quanto ela perdeu; achou que perguntar seria uma crueldade. Mas garanto que, quando se desfez de sua posição em liras, tinha levado uma surra danada.

6º AXIOMA MENOR

Cuidado com a Ilusão do Grafista.

Representar números por meio de linhas em papel milimetrado pode ser útil ou perigoso. É útil quando lhe ajuda a visualizar algo com maior clareza do que seria possível apenas com números. É perigoso quando torna a coisa representada mais sólida e portentosa do que na realidade ela é.

A Ilusão do Grafista, frequentemente, é uma extensão gráfica da Armadilha do Historiador. Ilustra-se isso melhor com os grafistas de Wall Street. Trata-se de pessoas com um jargão particular, que quase ninguém mais é capaz de entender; possuem suas próprias revistas e jornais, igualmente incompreensíveis para os simples mortais; e têm sua própria ilusão de ordem, cruamente visualizada. Acreditam que o preço futuro de uma ação — ou de uma moeda, metal precioso ou qualquer outra coisa cuja cotação de mercado é noticiada com frequência — pode ser determinado por meio de gráficos nos quais são registradas as oscilações de preço passadas.

O grafista começa fixando sua atenção em algum tipo de investimento — digamos, em uma ação, a U-Lá-Lá Eletrônica. Vai buscar em meses, anos atrás, as variações de preço da ação, traduzindo os números encontrados em pontos e linhas sobre papel milimetrado. E passa a estudar o padrão resultante. Está especialmente interessado em oscilações bruscas, altas e baixas ocorridas imediatamente antes de uma alta ou baixa significativa na ação da U-Lá-Lá. Da próxima vez que topar com oscilações semelhantes, concluirá que está à beira de uma nova alta ou baixa importante, e montará sua especulação a partir daí.

Quando as coisas não ocorrem como esperado — ou seja, em mais ou menos 50% das vezes —, com a maior humildade o grafista assumirá a culpa. E insistirá em que o problema foi o fato de ele não ter sido astuto o suficiente. O grafista sabe que o mercado pode ser previsto pelos gráficos, desde que ele seja capaz de perceber os padrões corretos.

É incapaz de acreditar na mais simples das explicações possíveis: o mercado de ações não obedece a padrão nenhum. Praticamente, jamais se repete, e nunca o faz de forma confiável, previsível. Fazer gráficos dos preços de ações é como fazer gráficos da espuma do mar. Agora está assim, daqui a pouco não estará mais. Você só tornará a ver o mesmo desenho por pura sorte. E, caso o reveja, isso não quer dizer rigorosamente nada, pois não antecipa coisa alguma.

Outro elemento da Ilusão do Grafista decorre da forma peculiar como uma linha traçada em preto, ininterrupta, audaciosamente cortando o papel milimetrado, é capaz de fazer um monte de números desinteressantes, essencialmente desordenados, parecer uma Importante Tendência. Há séculos que os camelôs e os vigaristas deste mundo conhecem a força dos gráficos. Vendedores de fundos mútuos nunca saem de casa sem eles. O valor da cota do fundo é capaz de vir subindo tão devagarinho que sequer empata com a inflação; colocando, porém, os anos bem juntinhos em um gráfico, talvez esquecendo alguns maus anos, que preferem não comentar, os promotores de fundos são capazes de apresentar uma beleza de gráfico em seu folheto de vendas. O cliente vê aquela linha preta em disparada e fica boquiaberto: "Nossa!"

O perigo não está só em que você pode ser passado para trás pelos outros; pior é ser enganado por si próprio. Digamos que está examinando um gráfico que mostra o valor da lira em relação ao dólar, em anos recentes. A linha não para de subir, e lhe ocorre: "Ei! Quem sabe não é uma boa entrar nessa?!"

Mas espere um momento. Não se deixe fascinar apenas pela linha. Examine o que ela se propõe a representar em termos numéricos. Talvez apareçam ali somente os pontos altos da lira a cada ano. Outro gráfico, mostrando seus pontos baixos, talvez se apresente como uma linha descendente. Em outras palavras, a relação lira-dólar tem sido marcada por variações cada vez mais amplas. As mudanças calmas e firmes sugeridas pela linha ascendente do gráfico não passam de ilusão. O fato é que se trata de uma relação cada vez mais desordenada.

É por aí que as pessoas se deixam iludir pelos gráficos. Uma linha em papel milimetrado tem sempre um ar confortavelmente ordenado, mesmo quando o que representa é o caos.

A vida jamais acontece em linha reta, como qualquer adulto sabe. Ao contemplarmos um gráfico, porém, é facílimo ficarmos hipnotizados e esquecermos disso.

Você dá uma olhada em um gráfico representando a lucratividade da U-Lá-Lá Eletrônica. Especialmente preparado para o relatório anual, o gráfico só mostra glórias, ao vivo e em cores. A linha ascendente, forte, grossa, ininterrupta, tão *completamente* entronizada ali, parece que nunca será diferente. Nada é capaz de rompê-la. Pode curvar-se, mas só um pouquinho. A impressão que dá é de que subirá para sempre.

Você, porém, não deve apostar nisso.

7º AXIOMA MENOR

Cuidado com a Ilusão de Correlação e a Ilusão de Causalidade.

Existe aquela velha piada do camarada que ficava todos os dias na mesma esquina, acenando os braços e emitindo gritos estranhíssimos. Um dia, um guarda vai até ele e pergunta do que se trata:

"Estou mantendo as girafas longe", diz o sujeito.

"Mas nunca apareceram girafas por aqui", retruca o guarda.

"Pois é, tenho trabalhado bem, não tenho?"

É uma característica das mentes até mais racionais perceberem relações de causa e efeito onde não existem. Quando necessário, nós as inventamos.

A mente humana é um órgão em busca de ordem. Não se sente à vontade no caos, e, se for a única maneira de se satisfazer, é capaz de refugiar-se em um mundo de fantasias. Então, quando ocorrem dois ou mais eventos próximos uns dos outros, vamos logo descobrindo elos causais entre eles. Isso nos deixa mais confortáveis.

Também somos capazes de ficar mais vulneráveis, mas sobre isso geralmente não pensamos, até ser tarde demais.

Vou dar um exemplo meu. Há muitos anos, antes de Frank Henry e eu termos conversado exaustivamente sobre os Axiomas de Zurique, ganhei algum dinheirinho pulando pra lá e pra cá, entre IBM e Honeywell. Nessa época, a Honeywell estava totalmente envolvida com computadores de grande porte e concorria diretamente com a IBM, muito mais que hoje. Ao longo de um período de uns 18 meses, percebi que, com frequência, as cotações dos dois papéis andavam em sentidos opostos. Quando a Honeywell passava algumas semanas subindo, a IBM caía, e vice-versa. Separei um dinheirinho e fiz o que achei ser esperto: ficar algum tempo com a Honeywell na subida, pular fora; comprar a IBM lá embaixo, subir com ela... e assim por diante.

Funcionou razoavelmente bem algumas vezes. Eu deveria ter me dado conta de que estava funcionando apenas por questão de sorte, mas, nesse tempo, eu ainda não sabia das coisas. Achei que funcionava porque... porque... bem, acabei estabelecendo uma relação causal para explicar o fenômeno que vinha observando.

Criei a teoria de que havia um bando de grandes investidores — fundos mútuos, seguradoras e milionários — que, periodicamente, trocavam de posição entre IBM e Honeywell. Quando a Honeywell anunciava algum produto novo e atraente, ou qualquer outra coisa boa, todos esses hipotéticos grandes investidores vendiam suas posições em IBM e desandavam a comprar Honeywell e vice-versa. Se fosse verdadeira, essa hipótese inventada explicaria os movimentos opostos dos dois papéis.

Era verdadeira? Quase com toda a certeza, não. A verdade, sem dúvida, era que esses movimentos aparentemente ordenados eram provocados por coincidências que se deviam a pura sorte, por acontecimentos casuais e imprevisíveis. O fato de, no passado, os preços terem andado algumas vezes em sentidos opostos não indicava que se repetiria no futuro, nem podia ser tomado como indício. A relação causal que eu inventara, porém, fez com que aquele minueto todo parecesse mais ordenado do que realmente era, e eu, confiante, apostei dinheiro demais em minha suposição.

Comprei um pacote da Honeywell a um preço que me pareceu o fundo do poço. Ato contínuo, tanto a Honeywell como a IBM entraram em parafuso, como um par de patos baleados. Antes de me dar conta do que estava acontecendo e de abandonar minhas ilusões de ordem, eu já havia perdido cerca de 25% de meu investimento.

A menos que você realmente veja uma causa operando — e estou falando de ver mesmo —, considere todas as relações causais com o maior dos ceticismos. Quando perceber eventos ocorrendo juntos, ou em gangorra, a menos que tenha sólidas provas em contrário, presuma que a proximidade se deve ao acaso, mais nada. Tenha sempre em mente que está tratando com o caos, e conduza seus negócios a partir dessa premissa. Como diz o 5º Grande Axioma: até começar a parecer ordem, o caos não é perigoso.

Como tanta gente no mundo financeiro procura, desesperadamente, padrões de ordem, Wall Street não para de passar ideias sobre possíveis ligações causais entre isto e aquilo. Algumas dessas ligações podem parecer plausíveis para muitos, outras, só para poucos. Todas, porém, têm uma espécie de atração para a mente humana, esse órgão que ama a ordem, e todas, provavelmente, significaram problemas para alguém.

Por exemplo, um conjunto dessas ligações — de que alguns acham graça mas que muitos levam a sério — tem a ver com um fenômeno conhecido como Síndrome do Primeiro

Ano Republicano. Desde as primeiras décadas do século XX, no primeiro ano de um presidente republicano o mercado tem caído — e isso vale para o primeiro ou o segundo mandatos. Aconteceu uma vez com Herbert Hoover, duas com Eisenhower, duas com Nixon e, no momento em que escrevemos, com Reagan, já aconteceu uma vez. Aconteceu até nos primeiros 12 meses do irregular mandato de três anos de Gerald Ford.

A primeira pergunta é: por quê? E a segunda é: o que um investidor deve fazer a respeito, se é que deve fazer alguma coisa.

A resposta mais provável à primeira pergunta é que o fenômeno é provocado por acasos que nada têm a ver com o partido do presidente recém-empossado. Correlacionar acasos com movimentos do mercado é o que de mais comum existe, e aqui não se trata de outra coisa. É parecido com o Indício do Jogo Final — um fato peculiar frequentemente registrado em Wall Street: o mercado sempre sobe quando uma equipe que tem sua origem na Liga Nacional de Futebol ganha a finalíssima do campeonato, em janeiro É divertidíssimo bater papo sobre o Indício do Jogo Final, mas ninguém pode levar a sério a possibilidade de haver uma relação causal entre um jogo de futebol e a Bolsa de Valores. As correlações simplesmente *acontecem*, mais nada. O que ocorre com a Síndrome do Primeiro Ano Republicano não é senão isso.

Quanto à segunda questão — o que fazer a propósito da síndrome —, a resposta correta é *nada*.

Há investidores, contudo, que insistem em extrair dela alguma espécie de ordem. A teoria deles é que o republicanismo de um presidente *causa* a queda do mercado no primeiro ano. Causa, *como*? Para isso há hipóteses à vontade.

Uma delas diz que o Partido Republicano, identificando-se como partido da prosperidade econômica, leva as expectativas financeiras das pessoas a níveis irreais. Quando não enriquecem subitamente, logo no dia da posse, elas têm uma enorme decepção, e é nesse mar de desapontamentos que o mercado se afoga.

Essa é só uma das teorias. Existem outras, mas não vamos perder tempo com elas, pois nenhuma merece ser levada a sério. São todas exemplos de como as pessoas criam fantásticas ligações causais quando querem explicar os fenômenos observados. E todas são exemplos de como uma ligação causal, uma vez inventada e estabelecida, é capaz de fazer com que um fenômeno pareça mais ordenado do que realmente é.

O que, conforme já vimos, pode ser perigoso. Se acreditar que o republicanismo de um presidente causa o desabamento do mercado, você, então, percebe toda uma série de eventos ordenados, e é capaz de se sentir obrigado a algum tipo de ação. Como o professor Fisher, começa a enxergar padrões onde simplesmente não existem.

É possível que, no futuro, a Síndrome do Primeiro Ano Republicano venha a funcionar de novo, e é possível que não venha. Começou por acaso, um dia, e acabará também por acaso. Não dá para prever uma coisa nem outra. Na realidade, trata-se apenas de mais um aspecto do caos.

Evite imaginar causas quando não pode, realmente, observá-las em funcionamento. Assim, evitará muito sofrimento. Divirta-se na finalíssima do campeonato de futebol; se o time errado ganhar, procure um bar, não uma corretora.

8º AXIOMA MENOR

Cuidado com a Falácia do Jogador.

O jogador diz: "Hoje eu estou pegando fogo!" O comprador de bilhete de loteria: "Hoje é o meu dia de sorte!" Ambos estão tentando criar um estado de eufórica expectativa, no qual arriscarão seu dinheiro com menos prudência que o normal. Ambos deverão se arrepender.

A Falácia do Jogador é uma espécie peculiar de ilusão de ordem. Nesse caso, a ordem não é percebida no mundo caótico à volta, mas dentro de si mesmo, no próprio ser. Quando diz que está "quente", ou que é seu "dia de sorte", na realidade a pessoa está querendo dizer que se encontra, temporariamente, em um estado em que acontecimentos casuais serão influenciados a seu favor. Em um mundo desordenado, onde os eventos rodopiam em todas as direções, somos uma ilha de calma e ordem. À nossa volta, as coisas deixarão de acontecer de forma tresloucada, e obedecerão à nossa ordem. Roletas e caça-níqueis serão nossas escravas; as cartas pedidas virão até você; cavalos se esfalfarão para nos levar ao guichê pagador; o bilhete que comprarmos será o premiado; se resolvermos entrar no mercado de ações escolhendo de olhos vendados o investimento, correndo o dedo sobre as cotações em um jornal, o papel que comprarmos dobrará de valor em uma semana. Não tem erro!

Pois sim!

É surpreendente ver a quantidade de pessoas espertas que se deixam levar pela Falácia do Jogador. Ela aparece onde quer que se aposte dinheiro, especialmente em cassinos. Um dos conselhos mais inúteis que se costuma ouvir em Atlantic City e Las Vegas é que a gente tem de "testar" a sorte, todas as noites, antes de entrar no jogo a sério. Na verdade, há mesmo livros sobre jogos, alguns até práticos, que sugerem isso com grande solenidade. A ideia é a pessoa começar com algumas apostas pequenas — US$1 ou US$2 nos caça-níqueis, por exemplo —, para ver como anda a sorte. Se a máquina engolir sua oferenda sem sequer agradecer, é porque a sorte não está com você naquela noite; o melhor que tem a fazer é voltar para o hotel e ficar vendo televisão. Se a máquina, porém, lhe devolver a oferenda com juros, essa é sua noite para despejar dinheiro nos dados e na roleta.

Muitas pessoas acreditam nessa ilusão de ordem. Gente que joga valendo um dinheirão, gente que aposta níqueis. Os ricos, os que chegam ao cassino em Ferraris e casacos de pele, acreditam tanto quanto os pobres-diabos, aqueles que, perdendo, não terão nem o dinheiro do ônibus para voltar para casa. É possível que todos nós, em algum momento de nossas vidas, acreditemos nisso.

Como tantas outras dessas ilusões, a Falácia do Jogador tem grande apelo. *Parece* verdade. À sua maneira torta, dá a impressão de racional.

Todo mundo pode citar lances de sua própria experiência capazes de comprová-la. Se você joga bridge, pôquer ou Banco Imobiliário com alguma frequência, não tem dúvida de que há certas noites em que os dados ou as cartas estão tão bons que dá até vergonha; outras noites, porém, o melhor teria sido ficar em casa com um bom livro. Há noites em que se está "quente", e outras em que não se está.

O fenômeno não se restringe à mesa de jogo; estende-se a todas as atividades da vida. Há dias em que suas decisões são todas acertadas, brilhantes, o mundo lhe sorri, o correio entrega cheques inesperados e seu rival na empresa decide tentar a vida na Austrália. Mas há dias em que tudo em que você toca vira cinza e pó.

É absolutamente natural enxergar, por trás disso tudo, alguma espécie de mecanismo ordenador.

E a ilusão é reforçada pelas histórias que os jogadores gostam de contar: fantásticas histórias de momentos "quentes", de imbatíveis períodos de sorte. Em todos os cassinos, bem como em qualquer lugar em que sejam vendidos bilhetes de loteria, essas histórias são frequentes. Algumas são conhecidas apenas localmente, outras são clássicos internacionais.

Por exemplo, a incrível história de Charles Wells, imortalizado em uma canção popular da última década do século XIX, os "Alegres Anos 90", intitulada "O homem que quebrou a banca em Monte Carlo". Não foi uma vez só que Wells conseguiu esse legendário feito: foram três noites consecutivas, em 1891.

"Quebrar a banca" não era nada tão dramático quanto parece. Não queria dizer que o cassino fosse à falência. Significava, apenas, que se esgotava o dinheiro da casa designado para aquela mesa.

Mesmo assim, era tão raro que, quando alguém o conseguia, ainda que uma única vez, já era notícia de primeira página nos jornais. (O cassino tinha grande prazer de cooperar na divulgação e, cerimoniosamente, cobria a mesa "quebrada" com um pano negro. No dia seguinte, era certo que uma nova multidão de trouxas apareceria, trazendo seu dinheiro.) O negócio de Wells era a roleta. A última de suas três noites vitoriosas foi a mais incrível. Estava jogando só plenos, que é o lance mais difícil da roleta. Escolhe-se um número de 1 a 36 e aposta-se. Se ganhar, recebe-se multiplicada por 36 a quantia apostada. Nas antiquadas roletas de Monte Carlo, as chances eram de 37 a 1 contra o jogador.

Wells pôs suas fichas no 5, e as deixou lá, engordando. O 5 deu cinco vezes seguidas. A banca quebrou. Wells deixou o cassino com pouco mais de 100 mil francos, quantia que, em poder de compra, valeria mais de US$1 milhão hoje.

Há também o caso de Caroline, a chamada "La Belle", talvez a mais famosa e, na opinião de alguns, a mais linda das célebres cortesãs que floresceram em Monte Carlo em seus dias de glória. Aos 18 anos, ela foi levada para a famosa cidade do jogo por um sujeito que, evidentemente mau jogador, além de canalha, perdeu tudo no cassino e a abandonou. Restavam a Caroline 2 luíses — moedas de uns ₣20, valendo cada uma talvez uns US$100 em dinheiro de hoje. Num impulso desesperado, La Belle foi a uma mesa de roleta e depositou o que tinha no vermelho.

A aposta na cor, vermelho ou preto, é uma modalidade que, na roleta, dobra o dinheiro do ganhador. Caroline Otero, apavorada demais para presenciar o resultado, afastou-se da mesa, deixando seu dinheiro ali, para se multiplicar ou desaparecer.

Deu vermelho 28 vezes seguidas. A banca quebrou, e a jovem abandonada — agora subitamente rica — transformou-se instantaneamente na rainha de Monte Carlo.

Histórias desse tipo são muito divertidas. Algumas vêm do século passado, outras são mais recentes, e todas são contadas em apoio à Falácia do Jogador.

"Veja bem, *existem* momentos em que uma pessoa fica mesmo quente!", dirá um crédulo. "Estão aí as histórias para provar. O que você tem de fazer é esperar esse momento e, então, apostar como um louco!"

As histórias não provam nada disso. O que provam, na verdade, é que os períodos de ganhos acontecem.

Jogue uma moeda para o alto um número suficiente de vezes e não tardará a obter uma sequência de caras. Mas não existe nenhuma ordem nisso. Não dá para saber com antecedência quando tal sequência começará, e, uma vez começada, ninguém será capaz de garantir quantas vezes ocorrerá.

O mesmo acontece com a roleta, as corridas de cavalos, o mercado de arte ou qualquer outro jogo que envolva apostas em dinheiro. Se você jogar por um longo tempo, terá seus períodos de ganhos, alguns até memoráveis, com os quais, provavelmente, encherá a paciência dos amigos pelo resto da vida. O que não existe é uma maneira ordenada pela qual você poderá tirar proveito de tais períodos. Não há como perceber quando começam, nem como prever sua duração. São, tão somente, mais um aspecto do caos.

Se você está em uma roleta apostando no vermelho e dá vermelho três vezes seguidas, ótimo. Mas o que isso lhe diz em relação ao futuro? Será que você está no começo de uma sequência de 28 vermelhos? Está "quente"? Deveria aumentar a aposta?

Muitos aumentariam. E essa é uma das razões pelas quais tantos saem dos cassinos de bolsos vazios.

Conforme aprendemos ao estudar o 2º Grande Axioma, incontáveis especuladores e jogadores foram à falência por não terem saído do jogo enquanto estavam ganhando. A Falácia do Jogador tende a encorajar esse fracasso, na medida em que estimula a sensação de invencibilidade temporária.

Eis aí uma sensação perigosa. Ninguém é invencível, nem por meio segundo.

Caroline Otero e Charles Wells tiveram sorte. Foram obrigados a parar de jogar porque o cassino ficou sem dinheiro. Além do mais, depois de cada mão, devido às regras e aos limites impostos pela casa, parte do dinheiro tinha de ser retirada da mesa. Foram salvos pelas circunstâncias. Fossem outros os fatos e tivessem eles continuado a jogar, cedo ou tarde teriam perdido, e seus nomes não seriam lembrados até hoje.

Não eram invencíveis. Ambos parecem ter tido a sensação de que o eram. O bom senso deles pode ter sido confundido pelos extraordinários períodos de ganhos. Realmente, depois de uma experiência desse tipo, não deve ser fácil se manter inteiramente racional. De qualquer forma, a partir de então, Caroline Otero e Charles Wells passaram a levar a vida como vítimas de grandiosos ataques da Falácia do Jogador. Assumiam riscos enormes, como se estivessem certos de que ficariam "quentes" para sempre.

Não ficaram. Carolina Otero morreu pobre, em um apartamentinho em Paris. Falido, Charles Wells terminou seus dias na prisão.

Estratégia especulativa

Vejamos, especificamente, como o 5º Grande Axioma aconselha a operar seu dinheiro.

O Axioma adverte que não se deve ver ordem onde não existe. Não significa que você deva se desesperar imaginando que jamais encontrará uma aposta vantajosa ou um investimento promissor. Pelo contrário: deve estudar a especulação na qual está interessado — a mesa de pôquer, o mundo da arte, o que for — e, quando topar com algo que pareça bom, aposte.

Não se deixe, porém, hipnotizar pela ilusão de ordem. Seus estudos podem ter aumentado suas probabilidades, mas não se deve ignorar o imenso papel que o acaso desempenha em seu projeto.

É improvável que seus estudos lhe tenham criado uma situação "certa", ou mesmo "quase certa". Você continua lidando com o caos. Enquanto tiver isso em mente, poderá poupar-se de grandes estragos.

Seu monólogo interior deve ser mais ou menos assim: "Tudo bem, fiz o meu dever de casa o melhor possível. Acredito que estou apostando numa boa e que vou ganhar. Porém, como não consigo controlar todas as casualidades capazes de afetar meu dinheiro, sei que são grandes minhas possibilidades de estar errado. Portanto, permanecerei atento, pronto para saltar na direção que os fatos indicarem."

Essa é a lição do 5º Grande Axioma. À medida que o tempo passa, você vai se tornando um especulador mais esperto.

6. O 6º Grande Axioma: DA MOBILIDADE

Evite criar raízes. Elas dificultam seus movimentos.

No léxico das teorias modernas sobre sanidade mental, o desarraigamento está na mesma categoria das preocupações. Ambos são considerados maus para você.

Sob muitos aspectos, claro que é bom ter raízes. Você tem a sensação de pertencer a algum lugar conhecido, entre velhos amigos e bons vizinhos: dá até um certo calorzinho no coração. Os opostos dessa confortável situação — desarraigamento, sensação de solidão, alienação — parecem, em comparação, frios e desconfortáveis. É por isso, com certeza, que a maioria dos psicanalistas acha que devemos ter raízes.

Mas vamos olhar esse negócio de raízes com cuidado. Se deixar que se intrometa em sua vida financeira, pode lhe custar mais caro do que você imagina. Quanto mais procurar aquela sensação de estar cercado pelo antigo, pelo conhecido e pelo confortável, menor será seu sucesso como especulador.

O Axioma não tem a ver só com mobilidade geográfica, ou com a falta dela — a visão romântica do arraigamento. Para muita gente da classe média, especialmente para quem está tentando faturar no mercado imobiliário, isso é parte do negócio. Mas só uma parte. Acima de qualquer outra coisa, o Axioma se refere a um estado mental, uma visão das coisas, um método de organizar sua vida.

A mensagem, aqui, se divide em duas, cada uma coberta por um Axioma Menor.

9º AXIOMA MENOR

Em uma operação que não deu certo, não se deixe levar por sentimentos como lealdade ou saudade.

Vamos, em primeiro lugar, dar uma espiada no mercado imobiliário. Janice Shattuck, corretora em Nova Jersey, conta uma triste história de oportunidade perdida por causa de raízes.

No começo da meia-idade, o casal vivera durante duas décadas na mesma casa. A hipoteca de vinte anos estava quitada, e o valor da casa, agora, era deles até o último tostão, livre e desimpedido. Esse capital era o que tinham de maior valor, como acontece com muita gente nos níveis médios de renda. Com os filhos já criados e tocando suas próprias vidas, e as despesas menores, o casal se achava em condições de pôr esse capital para trabalhar em alguma especulação. Com sorte, poderiam chegar ricos à velhice.

Uma amiga do casal, Janice Shattuck, disse-lhes que talvez fosse uma boa ideia vender a casa. A rua deles começava a dar sinais de decadência. Por essa ou aquela razão, vários imóveis estavam malconservados. Dois dos proprietários da rua não residiam em suas casas, alugavam-nas para repúblicas de estudantes de uma universidade próxima — o que, convenhamos, não chega a ser nenhuma garantia de manutenção do imóvel. A rua começava a exibir um ar decadente e cansado.

A Sra. Shattuck chegou a dizer a seus amigos que talvez tivesse um comprador para a casa. Um dos proprietários locadores vinha pensando em ampliar seu império, e andava de olho na propriedade do casal havia muito tempo. Era uma construção grande, com vários quartos, facilmente adaptável para uma república de estudantes. A corretora acreditava que faria uma boa oferta. Esforçou-se para que os amigos a aceitassem, enquanto era tempo.

O casal, porém, não conseguia se decidir a vender. Suas raízes estavam ali, explicavam. Ali haviam criado a família. O velho casarão guardava muitas recordações. Não conseguiam se acostumar com a ideia de um bando de estudantes morando nele. Além disso, alguns dos vizinhos mais antigos faziam pressão para que não vendessem. Permitir que mais uma casa fosse transformada em república, ir embora e deixar todos os problemas com aqueles que ficassem parecia algo desleal, uma coisa de maus vizinhos, o que, de fato, nunca haviam sido.

Assim, os amigos da Sra. Shattuck acabaram ficando. O bairro continuou a declinar. Outras casas foram vendidas a pessoas menos cuidadosas — inclusive casas de pessoas que antes faziam discursos sobre lealdade. Finalmente, os amigos da Sra. Shattuck resolveram colocar a casa à venda.

Até hoje não encontraram comprador. Quando encontrarem, o preço será drasticamente inferior ao que teriam obtido quando ela quis que vendessem. Quanto mais tiverem de esperar, menos conseguirão pelo imóvel.

Há momentos em que se tem de escolher entre raízes e dinheiro. Se o seu objetivo é ganhar dinheiro — provável razão pela qual analisa especulações —, é um erro deixar-se prender demais a coisas materiais nas quais seu capital esteja investido. Prenda-se a pessoas, mas não a casas nem a bairros.

Tampouco a empresas. Nunca se sabe quando é a hora de pular fora de uma posição em ações. Mas não serão as raízes que haverão de impedi-lo.

Frank Henry conheceu um sujeito que era mecânico-chefe de uma pequena indústria. Ao longo dos anos acumulara uma boa quantidade de ações ordinárias e preferenciais da empresa. Houve um tempo em que a empresa prosperara, e suas ações tinham estado em alta. Não durara muito, porém. Estava agora em sérias dificuldades, devido a mudanças no mercado, especialmente em razão da chegada de alguns impiedosos competidores japoneses.

Os dados gerais do problema eram de conhecimento público, e o valor das ações caía a olhos vistos. O mecânico, porém, achava que os problemas eram ainda maiores do que se pensava. Comparando os produtos de sua empresa com os dos concorrentes japoneses, encontrou substancial diferença de qualidade. Os produtos japoneses, embora mais baratos, eram superiores. Nosso mecânico não via jeito de superar o duplo problema que sua firma enfrentava. Estava convencido de que, cedo ou tarde, a concorrência a mataria.

Deveria ter vendido suas ações, mas as raízes o impediram.

Cultivava uma confusão de sentimentos em relação à pequena companhia. Esses sentimentos eram acentuados, mais ainda, por discursos do presidente e do CEO, na linha de "só os ratos abandonam o navio". Ambos eram grandes acionistas. O presidente, um otimista incurável, proclamava em alto e bom som que *continuava comprando* ações para sua carteira pessoal. Achava importante fazê-lo. Uma vez que os regulamentos da Comissão de Valores Mobiliários e da Bolsa de Valores obrigavam-no a tornar público o volume de sua participação acionária, logo se saberia se ele saísse por aí vendendo. Teria sido má publicidade. Na cabeça dele, seria capaz de gerar publicidade a favor fazendo exatamente o oposto. Ao comprar mais ações, ele achava que estava demonstrando sua confiança na viabilidade e no futuro da empresa. Demonstrava lealdade.

Nosso mecânico duvidava que o gesto do presidente exercesse qualquer efeito significativo. Numa descida permanente, os preços das ações ordinárias e preferenciais iam passando uns pelos outros, aos saltos.

O moral dos empregados e dos acionistas estava lá embaixo, e continuava caindo. Hora de dar o fora. O mecânico, porém, não conseguia mover-se, e uma das razões era o gesto de lealdade do presidente.

Se um investidor é vendedor líquido de um papel, enquanto outro é comprador líquido, um está, realmente, comprando do outro. As transações, naturalmente, são realizadas através de corretoras, de especialistas no pregão; o efeito de colocar comprador diante de vendedor, porém, é como se fosse uma transação na qual os dois se encontrassem cara a cara. O mecânico, portanto, tinha a desconfortável sensação de que, se colocasse suas ações à venda, elas seriam adquiridas por seu presidente.

O mecânico acabaria totalmente vendido, enquanto o presidente seguraria uma gorda carteira de ações que poderiam, em breve, não valer nada. De algum modo, não parecia direito.

E foi assim que nosso mecânico segurou seus papéis. Com o tempo, ele e o presidente acabaram com carteiras que não valiam nada.

Muitos anos depois, Frank Henry envolveu-se em um negócio bem diferente, que o colocou brevemente em contato com o ex-presidente, agora proprietário de uma próspera cadeia de lojas. Parecia rico e contente. Contava vantagens sobre alguns sucessos recentes no mercado. Ganhara algum dinheiro vendendo a descoberto, num mercado em queda. Era óbvio que conhecia as técnicas de vender a descoberto, um tipo de negócio em que você vende um papel antes de possuí-lo, na esperança de que o preço cairá. Se realmente cair, você completa a operação adquirindo a ação por menos dinheiro do que recebeu antecipadamente.

Enquanto o ex-presidente falava a esse respeito, um pensamento maldoso começou a germinar na cabeça de Frank Henry: será que o homem havia sido, realmente, otimista a respeito de sua empresa, como dava a entender? Talvez, pensou Frank Henry, ele mantivesse contas em duas corretoras, como é o caso de muitos grandes investidores: uma, publicamente conhecida; a outra, secreta. Enquanto, através da primeira, às claras e orgulhosamente, ele comprava o papel, através da segunda ia vendendo a descoberto.

Bem, foi só um pensamento.

10º AXIOMA MENOR

Jamais hesite em sair de um negócio se algo mais atraente aparecer à sua frente.

Em detrimento do seu objetivo principal, que é ganhar dinheiro, existem várias maneiras de deitar raízes em alguma forma de especulação.

Uma das mais frequentes — que se insinua e pega as pessoas de surpresa — é embarcar em uma situação na qual você não tem certeza se está ali numa especulação ou por hobby. Digamos que você tenha uma coleção de moedas raras ou de selos. Ou que sua sala de visitas tenha se transformado em um museu de arte.

Você já alcançou a meta preestabelecida, que era dobrar seu capital, mas agora não consegue passar as coisas adiante, como seria sua obrigação. Apegou-se demais, talvez alguém metido a artista o tenha convencido de que não é correto especular com arte visando o lucro. E lá está a coleção trancada em casa, e seu valor de capital atado. Enquanto isso, apareceram algumas ótimas especulações nas quais você faria bom uso de seu capital. Está com palpite na prata, talvez; ou surgiu uma oportunidade de especular em imóveis na área onde mora, e parece uma boa ideia. O que fazer?

Você tem de decidir se é ou não um especulador.

Jamais se apegue a coisas, somente a pessoas. Apegar-se a coisas prejudica sua mobilidade, sua capacidade de se mover rapidamente quando as circunstâncias assim exigem. Tendo lançado raízes, sua eficiência de especulador diminui demais.

Outra maneira comum de deitar raízes é deixar-se envolver em uma situação em que fica esperando que algo dê resultado. Isso é capaz de ser ainda mais frequente do que o dilema especulação/hobby. É possível ficar preso em jogos de espera durante anos, enquanto dezenas de outras oportunidades especulativas ficam passando cruelmente ao alcance de seus dedos, impotentes para agarrá-las.

Digamos que você tenha comprado US$10 mil em ações da U-Lá-Lá Eletrônica. Seu objetivo é liquidar a posição quando os US$10 mil virarem US$15 mil. Mas o papel acaba se revelando uma droga. Não sobe nem desce. Feito um vira-lata, ano após ano, lá está ele, sentado, imóvel, com a língua de fora.

Enquanto isso, a Oba-Oba Computadores atrai sua atenção. Informações quentes levam-no a crer que, no próximo ano, será mais provável faturar com esse papel que com a U-Lá-Lá. Se tivesse capital, compraria um monte de Oba-Oba, mas não dispõe de um único níquel livre. Está tudo preso em U-Lá-Lá.

O que você faz? A reação normal é continuar plantado na U-Lá-Lá. "Não dá para vender agora! Tenho de esperar o meu ganho!", pensa.

Mas pense mais um pouco. Se tem boas razões para crer que o ganho com a Oba-Oba é possível e mais rápido, *por que não trocar de posição*? Não importa no que estiver investido, será sempre o mesmo dinheiro. Se conseguir chegar aos US$15 mil com a Oba-Oba em vez de com a U-Lá-Lá, a festa será a mesma.

Jamais deite raízes em um investimento acreditando que ele lhe "deve" alguma coisa ou, o que é igualmente ruim, que *você* lhe "deve" um pouco mais de prazo para que ele demonstre do que é capaz. Se não estiver indo a parte alguma e algo melhor passar, troque de trem.

Trocar, em vez de ficar, só lhe custará a corretagem. Se o valor de capital do investimento original tiver mudado no tempo que durou a transação, ao vendê-lo você pode ficar devendo algum imposto sobre ganho de capital, ou, ao contrário, declarar uma perda de capital. Porém, como estamos falando de um investimento que não andou em nenhuma direção, provavelmente essa é uma consideração de menor importância.

Naturalmente, pode acontecer de você vir a se arrepender, quadro que estudamos em outros Axiomas. Ao trocar a U-Lá-Lá pela Oba-Oba, você experimentará uma grande variedade de emoções desagradáveis se a U-Lá-Lá, aquele velho vira-lata cansado, de repente acordar e disparar ladeira acima. Pode acontecer, é claro.

Mas a possibilidade de arrependimento também existe se *não* trocar. Enquanto lá está você, pacientemente, segurando a U-Lá-Lá, a Oba-Oba dá um pulo, exatamente como desconfiava que daria. Você se morderá de raiva por ter ficado no investimento original.

Já que, faça o que fizer, a possibilidade de arrependimento é a mesma, o melhor é deixar isso fora de seus cálculos. As duas hipóteses são autocanceláveis. A decisão de ficar ou trocar deverá basear-se unicamente no seguinte: qual especulação, no seu modo de ver, parece oferecer melhores perspectivas de lucro rápido?

Essa é a pergunta que deverá fazer a si próprio quando estiver segurando um papel e sentir-se atraído por outro. Não deite raízes, seja pelo dilema especulação/hobby, seja por estar esperando seu ganho, ou — e esse é um problema igualmente grande, para muitos — pelo medo de abandonar algo conhecido em troca de algo novo e que desconhece. Determine onde parecem estar suas melhores chances, e corra atrás delas.

Estratégia especulativa

O 6º Grande Axioma manda preservar a mobilidade. Adverte para as muitas coisas que podem arraigá-lo, em detrimento de sua carreira de especulador: sentimentos como lealdade, preocupações como o desejo de ficar marcando passo, à espera de algum ganho. Diz que você tem de ficar solto, pronto para pular fora se aparecer algum problema, ou agarrar rapidamente, caso surja alguma oportunidade.

Isso não significa que deva ficar pulando de uma especulação para outra, como uma bolinha de pingue-pongue. Seus movimentos devem ser feitos somente depois de cuidadosa avaliação dos prós e contras; nenhum passo deverá ser dado por motivos triviais. Quando uma transação já tiver esgotado totalmente suas possibilidades, ou quando aparecer algo obviamente mais promissor, corte suas raízes e siga em frente.

Atenção: não permita que suas raízes engrossem demais. Fica difícil cortá-las.

7. O 7º Grande Axioma: DA INTUIÇÃO

Só é possível confiar em um palpite que possa ser explicado.

Um palpite é parte de uma sensação. É um misterioso pedacinho de alguma coisa que não chega a ser conhecimento: um evento mental que experimenta algo semelhante a conhecimento, mas não o sente totalmente confiável. Como especulador, é provável que você tenha palpites com frequência. Alguns serão intensos e persistentes. O que fazer com eles?

Aprenda a usá-los, se for capaz.

Isso é fácil de falar, mas, como sem dúvida acabará descobrindo, difícil de fazer. O problema da intuição é complicado, malcompreendido e, para muita gente, perturbador. O fenômeno pode ser abordado de três maneiras distintas:

Desprezo — Inúmeros investidores/especuladores ignoram cuidadosamente seus próprios palpites e ridicularizam os dos outros. Insistem em apoiar todas as suas manobras especulativas em fatos ou em material que represente os fatos. Com frequência, tal material não chega a ser grande coisa — gráficos, previsões econômicas —, mas, para as pessoas desse grupo, parece mais confiável que palpites. Muitas vezes levarão a termo uma jogada, ainda que suas intuições estejam lhes dizendo, francamente, tratar-se da jogada errada. Pensam: "O gráfico diz que é certo, e é por aí que eu vou."

Confiança indiscriminada — Há pessoas que se apoiam totalmente em palpites, com demasiada frequência, e sem suficiente ceticismo. Qualquer intuição maluca vira razão para uma jogada, mesmo que uma análise racional da situação pudesse resultar em ideias completamente diferentes. "Sigo os meus palpites", dizem essas pessoas, orgulhosas; só não dizem que esses palpites maravilhosos costumam levá-las a calamidades especulativas.

Utilização seletiva — É o método de Zurique, por trás do qual está a ideia de que a intuição *pode* ser útil. Seria uma pena desprezar, de maneira categórica, um instrumento especulativo potencialmente tão valioso — jogar fora todos os palpites somente porque alguns são tolos. Por outro lado, é certo que alguns palpites não merecem outro destino senão a lata de lixo. O desafio, aqui, é separar os que têm valor dos que não valem nada.

O primeiro passo, então, será descobrir o que é um palpite, exatamente. De onde vêm esses estranhos pedacinhos de quase conhecimento?

É menos misterioso do que parece. Há quem explique a intuição falando de percepção extrassensorial e poderes ocultos, mas nada disso é necessário. Um palpite é um evento mental que ocorre na mais absoluta normalidade. Quando você é atingido por um forte palpite — por exemplo: "Acho que esta companhia tem problemas maiores do que dizem!" — , é possível que essa conclusão se baseie em fatos, em algo sólido que esteja arquivado em algum canto de sua mente. O que torna tudo espantoso é que se trata de *informações que você não sabe que possui.*

Será plausível isso? Claro! É uma ocorrência rotineira. O Dr. Eugene Gendlin, psicólogo da Universidade de Chicago que passou anos estudando o assunto, afirma que saber algo sem sabermos como o sabemos é uma experiência humana comum.

O Dr. Gendlin chama a atenção para o fato de que, diariamente, absorvemos quantidades colossais de informação — muitíssimo mais do que somos capazes de arquivar no consciente e que recuperamos sob a forma de discretos retalhos de informação. A maior parte vai para algum reservatório logo abaixo ou atrás do nível consciente.

Por exemplo, pense em algum homem ou mulher que tenha desempenhado um papel importante em sua vida. Essa pessoa não retorna sob a forma de discretos detalhes de informação — cabelos castanhos, olhos azuis, apreciadora de comida chinesa etc. Ao longo dos anos, terá arquivado milhões desses detalhes, muito mais do que seria capaz de listar numa vida inteira. Em vez de retornar em retalhos de informação, a pessoa chega inteira, *integral.* Tudo que você sabe e sente sobre ela, tudo que você algum dia pensou, sentiu ou experimentou em relação a essa pessoa vem de uma só vez, misteriosamente extraído do colossal arquivo do quase não conhecimento.

Imagine topar com essa pessoa na rua. Instantaneamente, você sabe de quem se trata. Sem qualquer pensamento em nível consciente, você reage da maneira adequada. Contudo, se lhe perguntassem *como* reconhece essa pessoa, quais, exatamente, os indícios que o levam a reconhecê-la — o desenho do nariz? o jeito de andar? —, você não saberia responder. *Sabe* que conhece a pessoa, mas não sabe como.

Da mesma forma, se essa pessoa lhe telefonar, reconhecerá a voz instantaneamente. Como? Por meio de quais indícios, exatamente? Não existe resposta. Se tentasse me descrever essa voz de maneira que eu também pudesse reconhecê-la, descobriria ser impossível. A informação existe em sua cabeça, em algum lugar, mas você não sabe exatamente o que é, nem onde está.

É disso que são feitos os palpites. Você sabe quando um palpite é bom, mas não sabe como sabe.

Por exemplo, uma mulher que especula em imóveis na Nova Inglaterra contou-me sobre um palpite que teve no meio da noite. Acabara de reformar uma antiga casa à beira-mar, no Maine, e vinha tentando vendê-la, não tendo recebido nenhuma oferta que se aproximasse do que estava pedindo. Uma delas era quase aceitável, mas não atingia exatamente a cifra que a mulher estabelecera para fazer negócio com a casa. Esperava mais, e estava confiante.

De repente, na madrugada de um dia chuvoso, a mulher acordou com um forte e insistente palpite de que deveria aceitar a oferta. A intuição lhe dizia que o mercado de antigas casas de praia estava prestes a ceder, talvez até a desabar. Não sabia *como* sabia disso. Só sabia que sabia.

Teve medo, porém, de seguir o palpite. O problema de sempre a deixava perplexa: não conseguia enxergar o arquivo de informações no qual o palpite se baseava.

Conversamos a esse respeito. Sua inclinação inicial era rir do palpite e esperar que ele desaparecesse. Dali a pouco, começamos a chegar à conclusão de que ele bem poderia basear-se em informações boas e confiáveis.

Afinal de contas, fazia muitos anos que ela vinha estudando a economia costeira do Maine e o papel desempenhado pelos imóveis.

Assinava dois jornais locais, pertencia a uma associação de proprietários de imóveis e frequentemente conversava com corretores e outras pessoas do ramo. Mantinha-se igualmente bem-informada sobre o país e o mundo. Entre outras publicações, lia a *Business Week* regularmente. Podíamos dizer, então, com toda a confiança, tratar-se de alguém que dispunha de um grande banco de dados importantes relativos ao valor de venda de uma casa no litoral do Maine.

Boa parte dessas informações, porém, estava em um nível não consciente de sua mente. Na verdade, talvez a maior parte. A porção consciente seria como a ponta de um iceberg.

O palpite perturbador ocorreu, concluímos, quando foram feitas ligações naquele imenso banco de dados do não consciente. Fatos foram se encaixando como peças de um quebra-cabeça, sem que ela os dirigisse conscientemente. Talvez existissem dezenas dessas informaçõezinhas esquecidas: algo que lera, algo que escutara em uma reunião, uma observação de um corretor feita meses antes.

Tudo isso junto resultou numa convicção intuitiva de que o mercado imobiliário do litoral do Maine estava prestes a desabar.

Resolveu apostar nesse palpite. Aceitou a oferta mais alta. Passou-se um mês apenas e já ficava claro que fizera a coisa certa, de forma brilhante. A oferta que aceitara era a mais alta que ouviria em muito, muito tempo.

Agora podemos compreender o 7º Grande Axioma, quando ele *diz* que só se pode confiar num palpite que possa ser explicado.

Quando lhe ocorrer um palpite, a primeira pergunta a fazer é se em sua mente existe um arquivo suficientemente grande de informações, capaz de gerá-lo. Embora não saiba, nem possa saber exatamente quais são as informações relevantes, é plausível achar que existem?

Se for um palpite acerca de imóveis no litoral do Maine, pergunte-se se você realmente entende alguma coisa disso. Já estudou o assunto? Vem acompanhando as altas e baixas desse mercado? Se o palpite for sobre o preço da prata, será que você absorveu bastante conhecimento sobre o metal e suas complexas inter-relações com outras atividades econômicas? Se o palpite diz respeito a uma pessoa — "Esse cara está a fim de me enganar" —, será que você o conhece bastante, há tempo suficiente, para fazer avaliações de caráter?

Submeter os palpites a esses testes rigorosos é importante porque, às vezes, temos lampejos intuitivos que não se baseiam em fatos. Esses não contam. De onde vêm? Sei lá. São como sonhos. Vêm de lugar nenhum, não significam nada e não levam a parte alguma. É o cérebro fazendo artes.

Uma bela manhã, você está lendo o jornal e topa com uma nota sobre a posse do novo presidente da Oba-Oba Computadores. De repente, lá vem aquele palpite fantástico. Esse cara novo levará a Oba-Oba às alturas. Vai engolir o mercado! Vai fazer a IBM despencar! O preço das ações vai disparar como um foguete.

Antes de ligar para a corretora, porém, vamos testar esse magnífico palpite. A conversa que você terá consigo mesmo deverá ser mais ou menos o seguinte:

"Tudo bem, amigo, vamos ver isso com calma. O que você sabe sobre a Oba-Oba Computadores?"

"Bem... hummm... de vez em quando, leio alguma coisa a respeito. Parece uma empresa sólida."

"Mas você já fez algum estudo sobre ela? Tem, realmente, acompanhado sua trajetória?"

"Não, isso não."

"E esse novo presidente, que tal? Sabe tudo sobre ele?"

"Bem... hummm... Não exatamente..."

"Na verdade, jamais ouviu falar do sujeito, não é mesmo? E de onde é que vem toda essa fé nele?"

"O repórter do jornal parece que o achou um cara legal."

"Esse também nunca deve ter ouvido falar nele. A metade da nota, provavelmente, saiu do *press release* distribuído pela própria empresa. E então? Acha mesmo que tem um banco de dados suficiente para gerar um palpite confiável?"

"Bom... hummm..."

"OK, amigo, vamos tomar uma cervejinha e esquecer essa história toda."

Esse tipo de teste, é claro, não garante que você jamais terá um palpite errado. Mesmo o palpite mais solidamente baseado pode estar errado. Por outro lado, um palpite maluco, vindo não se sabe de onde, pode estar certo, como qualquer adivinhação desvairada. O que esse procedimento faz é melhorar as probabilidades a seu favor. Põe você em uma posição melhor que a dos que desprezam os palpites, e também daqueles que acham que todos os palpites caem do céu. Em relação aos primeiros, você tomará mais providências quando o palpite for bom; quanto aos segundos, será mais capaz de escapar dos palpites furados.

Faça o que fizer, porém, mantenha os demais Axiomas à mão. Por melhor que pareça o palpite, não permita que o arraste a excessos de confiança. Mantenha-se preocupado. A intuição pode ser um instrumento útil ao especulador; não é, porém, a fórmula longamente procurada, infalível, para decisões financeiras 100% corretas. Conforme já vimos, essa fórmula não existe.

11º AXIOMA MENOR

Jamais confunda palpite com esperança.

Quando você quer muito alguma coisa, é facílimo passar a acreditar que tal coisa acontecerá. Esse dado da psicologia humana deixa confusas as crianças que sonham com o que querem no Natal, e confunde também os especuladores que sonham com o dinheiro que vão ganhar.

Você vai a uma exposição de arte em uma cidadezinha do interior e compra algumas telas de um artista obscuro chamado Trashworthy*. Leva-as para casa e descobre que, afinal de contas, não gosta tanto dos quadros quanto pensava. Na verdade, são bem ruinzinhos. Uma voz desagradável começa então a insinuar que talvez tenha jogado dinheiro fora. Mas a voz perturbadora é rapidamente afogada pelo trovejar de um fantástico palpite. Um dia, diz o palpite, Trashworthy conquistará o reconhecimento que merece! Colecionadores de todo o mundo disputarão suas telas! Grandes museus farão ofertas por elas!

*Literalmente: "Bom para o lixo." (*N. do T.*)

Será que esse palpite merece ser ouvido? Ou se trata apenas de uma esperança?

Pessoalmente, quando tenho um palpite de que algo que quero que aconteça vai acontecer, minha regra é manter em alta o nível de ceticismo. Não, isso não quer dizer que todos os palpites desse gênero estejam errados. Significa, tão somente, que devem ser examinados com cuidados adicionais, e que a nossa guarda deverá ser dobrada no caso de complicações.

Em contrapartida, inclino-me muito a confiar numa intuição que me diz que acontecerá algo que eu não quero. Se eu tivesse comprado os tais quadros e tido o palpite de que Trashworthy nunca valeria nada mesmo (e se eu tivesse conhecimentos artísticos suficientes para tornar plausível esse palpite), minha tendência seria passar os quadros adiante o mais rápido possível.

Estratégia especulativa

O 7º Grande Axioma diz, então, que ambas as atitudes são erradas: ridicularizar categoricamente os palpites ou confiar neles de forma indiscriminada. Embora não seja infalível, a intuição pode ser um útil instrumento especulativo, desde que tratada com cuidado e ceticismo. A intuição não tem nada de mágico, nem do outro mundo. É simplesmente a manifestação de uma experiência mental absolutamente comum: a de se saber alguma coisa sem se saber como se sabe.

Se você tiver um palpite muito forte lhe recomendando determinada jogada com seu dinheiro, o 7º Grande Axioma insiste em que tal palpite seja submetido ao teste. Só confie nele se puder explicá-lo, ou seja, se for capaz de identificar, em sua mente, um banco de dados no qual pode supor, com razoável certeza, que o referido palpite se originou. Se não dispuser do banco de dados, descarte o palpite.

O 11º Axioma Menor, por sua vez, adverte que palpites podem, facilmente, ser confundidos com esperança. Tenha cuidados especiais com lampejos de intuição que parecem prometer conclusões que você deseja muito.

8. O 8º Grande Axioma: DA RELIGIÃO E DO OCULTISMO

É improvável que, entre os desígnios de Deus para o Universo, se inclua o de fazer você ficar rico.

Quando eu era jovem, um pastor protestante costumava jantar em minha casa de vez em quando. Ele e Frank Henry se conheciam desde meninos, da cidadezinha de Wädenswil, na margem Sul do lago Zurique. Ele emigrara ainda jovem para a América, e agora era o pastor de uma igrejinha em algum canto de Nova Jersey. Certa noite, ele transbordava de entusiasmo. Contou que o Senhor dera uma grande oportunidade à sua igreja. Um membro do seu rebanho, homem já idoso, estava se mudando para um clima mais ameno. Por uma razão qualquer, a mudança tinha de ser rápida, e o homem queria um desligamento total, sem deixar qualquer vínculo. Entre o que ele tinha e não queria que ficasse para trás, estava uma área de cerca de 50 mil metros quadrados de terra nua, nos limites da cidade. Comprara a terra como investimento, havia muitos anos, e nunca fizera nada ali. Queria vendê-la antes de se mudar. Como presente de despedida para a igreja, oferecia-a pelo mesmo preço que havia comprado.

O pastor estava animadíssimo. Sua paróquia jamais tivera muito dinheiro, e ali se apresentava a oportunidade de ganhar uma fortuna da noite para o dia. Por toda a cidade, os preços dos terrenos andavam em disparada, e o local onde ficava a tal propriedade era considerado ótimo para residências. A igreja poderia revender a área imediatamente, e ter um bom lucro, ou abrir uma ou duas estradinhas nela, dividi-la em lotes de uns 2 mil metros quadrados e aguardar um pouco, lucrando muito mais. Finalmente, exultava o pastor, a paróquia teria dinheiro para todas as boas obras que precisavam ser realizadas!

Frank Henry disse que ficava muito feliz com a boa-nova, e sugeriu que talvez fosse um pouco bom demais para ser verdade. Em sua experiência, disse ele, os negócios da China, com lucro 100% certo, em geral, acabavam em arapucas. Especuladores amadores viviam caindo nelas e depois se arrastando para fora, com os bolsos vazios.

O pastor não lhe deu ouvidos. Era um presente de Deus. Às vezes, o Senhor pune, outras vezes, Ele nos recompensa. Não nos cabe fazer perguntas demais; a nós cabe aceitar o que nos é dado. O pastor não tinha a menor preocupação.

Muito tempo depois Frank Henry e eu ouvimos o final da história. Pressionada pelo pastor, a congregação votou a favor da compra da terra, e criou uma comissão para estudar o que fazer com ela. A decisão foi dividir a área em lotes. O presidente da comissão e o pastor foram à Prefeitura em busca das licenças necessárias, e o inspetor de obras deu-lhes a má notícia.

Aquele pedaço de terra, disse ele, tinha algumas características problemáticas. Superficialmente, parecia seco; alguns palmos abaixo, porém, era pântano puro. Nenhum sistema de drenagem que se construísse ali funcionaria. Ao longo do tempo, mais de um proprietário já pretendera desenvolver a área, mas a Prefeitura sempre recusara, a menos que se fizesse ali um fantástico investimento em obras de saneamento e drenagem. Por isso a terra ficara sempre assim, nua.

A igreja caíra em um conto do vigário.

Moral da história, segundo Frank Henry: não se fica rico rezando. Na realidade, se a sua mente se achar ocupada com dinheiro enquanto você estiver rezando, o mais provável é empobrecer com as rezas. Se você depende de Deus, ou de qualquer outra força ou entidade sobrenatural, para alcançar a fortuna, há grandes probabilidades de que, um dia, abaixe a guarda e perca tudo.

Se Deus existe — questão sobre a qual os Axiomas não têm opinião —, não há nada que prove que o Ser Supremo esteja se importando com o fato de você morrer rico ou pobre. Várias vezes, na verdade, a Bíblia diz que, do ponto de vista da manutenção de uma alma sadiamente cristã ou judaica, ser pobre é até melhor. Muitas religiões orientais dizem a mesma coisa. (E, certa vez, Abraham Lincoln observou que Deus devia gostar muito dos pobres, já que fizera tantos deles.) Isso posto, no que se refere aos Axiomas, não faz a menor diferença se você é devotamente religioso, ateu, ou mais ou menos. Sejam quais forem suas crenças, Deus e outras forças sobrenaturais não devem ter nenhum papel a desempenhar em seu comportamento como especulador.

Apoiar-se no sobrenatural tem o mesmo efeito que apoiar-se em previsões ou ilusões de ordem. Tem a capacidade de atraí-lo para um estado perigosamente despreocupado. Padres, pastores e rabinos vivem dizendo às pessoas que não devem rezar pedindo dinheiro, mas muita gente reza. Se não forem pedidos diretos em favor de uma solução financeira qualquer, muita gente piedosa acredita ser beneficiária de alguma apólice celestial de seguro: "Deus me ajudará."

Não conte com isso. Deus é capaz de fazer muito por você, mas uma coisa que não preocupa a Ele é seu saldo no banco. Isso é problema seu. Só seu.

Jesse Livermore, com quem travamos conhecimento quando estudamos outro Axioma, não se apoiava em Deus, mas em outra espécie de ajuda extraterrena. Isso pode ter contribuído significativamente para a queda final desse homem tão complicado. Vale a pena examinarmos sua história.

Nascido pobre, em uma pequena fazenda em Massachusetts, logo no começo da vida Livermore resolveu que queria ser rico. Em 1893, foi para Boston e conseguiu emprego em uma corretora. Os sistemas eletrônicos ainda não haviam sido inventados; rapazes ágeis subiam e desciam as escadas velozmente, anotando a giz, em um gigantesco quadro-negro, as variações nos preços das ações. O primeiro emprego de Livermore foi esse. Ao amadurecer na tarefa, ele desenvolveu o que, a seus amigos, parecia uma extraordinária capacidade de adivinhar para que lado os preços se voltariam.

Certamente, essa capacidade era uma combinação de intuição e sorte, mas tiveram início alguns rumores de clarividência e forças ocultas. Livermore jamais aceitou essas explicações para seu sucesso como especulador, mas tampouco as rejeitou por completo. Passou a vida toda se perguntando se não seria verdade. Frank Henry, pessoalmente, sempre achou que Livermore teria se saído muito melhor se nunca tivesse ouvido falar nessas coisas místicas.

Passados alguns meses anotando cotações no quadro-negro, o rapaz começou a aplicar dinheiro em suas previsões. O meio especulativo que ele escolheu era uma espécie de casa de apostas, comum em Boston e outras cidades.

Essas casas estimulavam a jogatina na Bolsa de Valores, das formas mais exageradas e bizarras. Você não era obrigado a comprar propriamente ações. Fazia vários tipos de apostas nas oscilações das ações. Jogo mesmo, no duro. As probabilidades eram sempre a favor da casa. Para lucrar, o especulador precisava, além de muita sorte e bons palpites, ter um firme comando sobre outros talentos que vimos estudando: quando cortar prejuízos, como estabelecer posições de saldo etc.

Jesse Livermore descobriu que tinha esses talentos em abundância. Nascera para especular. Começando com um capital mínimo, alguns níqueis economizados de seu pobre salário, logo havia acumulado cerca de US$2.500, soma vultosa para um jovem naquele tempo. Tornou-se tão competente que as casas de apostas, uma após outra, pediram que fosse jogar em outra freguesia.

Foi parar em Wall Street — no primeiro time. Sem perda de tempo, Livermore estabeleceu-se como um dos mais espertos especuladores que apareceram por ali. Ficou famoso antes dos 30 anos.

Cabelos louros esvoaçantes e gélidos olhos azuis, aonde quer que fosse, Jesse atraía mulheres e repórteres. Casou-se três vezes, e mantinha amantes em apartamentos e hotéis por toda a América e Europa. Quando viajava, atrás ia um bando de puxa-sacos e velhacos. Mal conseguia dar um passo em Nova York sem ter de parar para distribuir palpites sobre o mercado. Era fotogênico e dava boas entrevistas; na aparência e nas palavras, era um homem de inabalável confiança. Por dentro, porém, vivia perseguido pela história da clarividência.

Não sabia se era ou não clarividente. Inúmeros artigos em jornais e revistas diziam que sim, e todos os seus puxa-sacos concordavam, entusiasmados. Às vezes, Livermore pensava que podia ser; outras, contudo, achava que era tudo bobagem.

O que ele tinha, mesmo, eram alguns espantosos golpes de sorte, que acabavam dando apoio à ideia de que ele enxergava o futuro. Certo dia, em 1906, entrou em uma corretora e disse que queria vender Union Pacific a descoberto. O corretor ficou perplexo. Vender *Union Pacific* a descoberto? Era a maior besteira do mundo.

O mercado estava em alta. Union Pacific era um dos papéis mais quentes que havia. Longe de vender a descoberto, a maioria dos especuladores estava era gulosamente comprando e dando certa garantia.

Livermore, porém, insistiu na operação. A única explicação era que tinha um palpite de que a cotação estava alta demais, e que havia uma "correção" a caminho. No dia seguinte, tornou a aparecer na corretora e mandou vender a descoberto mais um monte de ações do gigante ferroviário.

Um dia depois, 18 de abril de 1906, São Francisco foi devastada por um terremoto. Sob os escombros desapareceram milhões de dólares em trilhos e outras propriedades da Union Pacific, além de outros incontáveis milhões em lucros potenciais. A cotação do papel caiu como uma pedra. Jesse Livermore saiu do episódio uns US$300 mil mais rico.

Eventos aparentemente inexplicáveis como esse acabam acontecendo com todo mundo que especula por muito tempo. Todos que vivem de assumir riscos têm histórias semelhantes para contar. É quase certo que algo assim aconteça com você. Não provam coisa alguma, a não ser que os acasos acontecem às cegas, machucando alguns, enriquecendo outros, sem perguntar quem é quem. Sem sombra de dúvida, Jesse Livermore não foi o único a vender Union Pacific a descoberto naquele momento, nem a se beneficiar, de um jeito ou de outro, da catástrofe de São Francisco. É improvável que muitos dos outros acreditassem possuir poderes mágicos de prever o futuro. Devem ter se dado conta, apenas, da sorte que tiveram. A mesma coisa com Livermore: sorte, mais nada. Mas o rótulo de "clarividente" já aparecia em sua testa, e o episódio da Union Pacific só fez colá-lo mais forte.

Houve momentos em sua vida em que, realmente, tentou acabar com isso. Geralmente acontecia quando sua sorte, ou "clarividência", o abandonava, o que, mais cedo ou mais tarde, a sorte sempre acaba por fazer. Quando estava quebrado, ou quase, parecia se dar conta de que vinha dependendo demais de sua suposta capacidade de prever o futuro, e aí tratava de se convencer, e aos outros, de que ele era melhor especulador que clarividente.

A última vez que isso aconteceu foi em 1940. Livermore quebrara em 1934, juntara uma nova fortuna e agora estava a caminho de perdê-la novamente. Em uma aparente tentativa de provar que especulava usando um sistema racional, e não mágico, ele escreveu um curioso livrinho, publicado em 1940, intitulado *How to Trade in Stocks — the Livermore Formula for Combining Time Element and Price* [*Como operar com ações — a fórmula Livermore de combinar o elemento tempo e preço*, em tradução livre].

O livro mereceria os aplausos do professor Irving Fisher, o tal que entrara pelo cano, em 1929, achando que enxergava padrões de comportamento na Bolsa de Valores. Livermore escreveu um hino aos padrões. Era cheio de gráficos e de referências a "Pontos Altos", "Reações Secundárias" e outras coisas do gênero.

Uma autêntica tolice. Qualquer um que tentasse operar no mercado seguindo suas instruções acabaria na maior confusão e, provavelmente, quebrado. A menos que tivesse muita sorte, é claro. O livrinho não provava nada, a não ser o enorme desejo de Livermore, a essa altura da vida, de ficar o mais longe possível da história da clarividência.

Talvez tentasse, no fim da vida, inventar um sistema especulativo que combinasse gráficos com clarividência. Era capaz de funcionar ainda pior do que quando se baseava em um de cada vez. Uma tarde, em dezembro de 1940, Jesse Livermore apareceu no Hotel Sherry-Netherland, em Nova York, tomou dois *old-fashioneds*, entrou no banheiro e se matou com um tiro.

Naturalmente, nunca é possível saber, exatamente, por que alguém resolveu acabar com a própria vida. Mesmo que tenha deixado um bilhete — não foi o caso de Livermore —, as pessoas ficam se perguntando quais foram as verdadeiras razões e o que são apenas explicações fáceis. Jesse Lauriston Livermore foi um homem complicado, de vida complicada, e é possível que seu suicídio tenha sido motivado por problemas sobre os quais nada sabemos.

"Havia vinte Livermores diferentes", diria Frank Henry, com tristeza. "Só conheci um deles."

Ainda assim, realmente parece que dificuldades nos negócios faziam parte da carga sob a qual ele cedeu. A grande obsessão de sua vida foram as especulações. No momento em que ele tomava seu segundo *old-fashioned* no bar do Sherry-Netherland, pela quarta vez na vida as finanças de Livermore estavam em grande confusão. Pela quarta vez na vida ele se via confrontado com uma penosa verdade: seu método especulativo era falível. Sua vidência não era, nem de longe, clara como ele teria gostado. Se se baseava em seus supostos dons proféticos, estes não haviam funcionado.

Nada disso significa que você corre o risco de um fim trágico como o de Jesse Livermore. A história dele é apenas uma bizarra ilustração de como crenças ocultas podem perturbar um sólido raciocínio especulativo. Apoiar-se nessas crenças pode não representar risco para sua saúde; para a do seu dinheiro, com toda a certeza.

12º AXIOMA MENOR

Se astrologia funcionasse, todos os astrólogos seriam ricos.

Este Axioma Menor, aparentemente, pega no pé da astrologia, mas é só porque na América, como no resto do mundo ocidental, a astrologia é a mais popular das crenças ocultas. Uma recente pesquisa Gallup mostrou que 32 milhões de norte-americanos adultos acreditam em astrologia, e muitos mais são leitores eventuais de horóscopos de jornais e revistas. Outras disciplinas ocultistas, como feitiçaria e tarô, admitem números menores de fiéis. O 12º Axioma Menor se dirige tanto a eles como aos adoradores dos astros.

A proposta aqui oferecida à sua consideração é a seguinte: se você se sente atraído pela astrologia, ou por qualquer outra doutrina mística ou sobrenatural, então mergulhe de cabeça em sua substância e espírito. Divirta-se, torne-a parte de sua vida, faça o que quiser. Porém, antes de tentar utilizá-la para ganhar dinheiro, preste a si mesmo um favor. Dê uma olhada nos praticantes dessa doutrina, especialmente naqueles que se afirmam seus mestres, sacerdotes ou gurus, e faça uma única pergunta: *eles estão ricos*?

Se não estiverem nem mais nem menos ricos do que qualquer outro grupo humano escolhido ao acaso, você já terá aprendido um fato útil. Por mais que as doutrinas ocultistas possam fazer por sua paz interior etc., o que não farão é aumentar seu saldo bancário.

Conforme descobrirá, astrólogos e seguidores da astrologia, como grupo, não são nem mais nem menos ricos do que ninguém. O mesmo se aplica a quem acredita em tarô, poderes da mente ou qualquer outro sistema místico, pseudocientífico ou religioso. No que se refere a dinheiro, andam tão no escuro, aos tombos, quanto qualquer pessoa. Alguns são ricos, outros são pobres. A maioria se acha no meio-termo. Quase todos gostariam de ser mais ricos. Em outras palavras, não são melhores nem piores que ninguém: são iguais.

Como a maior parte dos pastores, padres e rabinos das grandes religiões, alguns gurus ocultistas lhe dirão que o negócio deles não é ajudá-lo a enriquecer. Frequentemente, isso não passa de pretexto; quando é autêntico, porém, merece nossos aplausos. Mas muitos gurus prometem ajuda em questões de dinheiro. A maioria dos horóscopos de jornais e revistas também: "Peixes. O período de 3 a 10 de junho é auspicioso para investimentos..."

Se pedir aos propagadores dessas doutrinas místicas que lhe provem que é possível ganhar dinheiro com elas, geralmente conseguem provar. Isso é o que torna essas doutrinas perigosamente tentadoras. Como os profetas que estudamos no 4º Grande Axioma, todo ocultista praticante é capaz de contar a história de um golpe de sorte. Algumas são realmente espantosas. Se tiver um amigo ou conhecido que acredite em ocultismo, ele será capaz de encher sua cabeça de "provas" e você acabará achando que *talvez, quem sabe*... Mas agarre-se a seu ceticismo e a seu bolso. As histórias que ouvirá não são diferentes da fantástica aventura de Jesse Livermore com a Union Pacific. Não provam que determinada visão mística é capaz de gerar dinheiro. Provam apenas que quem passa um bom tempo especulando um dia acerta na mosca, possivelmente em circunstâncias muito estranhas.

Eu mesmo já tive essas experiências. A mais engraçada ocorreu com um baralho de tarô.

Interessei-me por tarô há muitos anos, quando uma revista me encomendou um artigo sobre a história dos jogos de cartas. Apurei que nosso conhecido baralho de 52 cartas, com o qual jogamos bridge, pôquer etc., é descendente direto do baralho de tarô, de 78 cartas. O tarô foi criado para adivinhar o futuro, não para jogos, mas alguma coisa chamou minha atenção. Tornei-me superficialmente capaz de ler tarô. Um bom meio de animar festas chatas.

Em minhas pesquisas, inevitavelmente, topei com histórias que envolviam dinheiro. Muitas das adivinhações do tarô têm a ver com riqueza e pobreza, de modo que a coisa se presta bem a histórias de dinheiro. Uma das melhores me foi contada pelo pessoal da Godnick & Son, corretora de Wall Street, grande especialista em operações a termo.

Certo dia, um camarada muito malvestido apareceu nos escritórios da Godnick, em Beverly Hills, querendo comprar

Control Data a termo. Trazia um cheque de pouco menos de US$5 mil, em seu nome, de uma caderneta de poupança local. Evidentemente, acabara de encerrar sua conta. Com base em vários indícios, Marty Tressler, gerente da Godnick na Califórnia, deduziu que aquele dinheiro era tudo que o homem tinha na vida. Preocupado, fez várias perguntas ao estranho cliente.

Tinha certeza de querer arriscar todo aquele dinheiro? O homem respondeu que sim, tinha certeza. Tudo no mesmo papel? Exato. Mas, pelo amor de Deus, por que Control Data? Nesse tempo, a empresa não atraía grandes atenções em Wall Street. Achavam que tinha problemas graves, e que levaria anos para consertá-los. Quando havia negócios, o que não era frequente, a ação andava na casa dos US$30. Diante de Control Data, a reação típica de um especulador, depois de uma rápida olhada, era mais ou menos a seguinte:

"É, um dia pode ser interessante. Talvez, daqui a um ano eu olhe de novo."

O cliente de Marty Tressler, porém, não tinha a menor dúvida quanto ao que queria: Control Data. Tressler continuou perguntando o motivo. Finalmente, o homem balbuciou qualquer coisa sobre tarô.

As cartas lhe haviam passado uma dica quente. Mesmo correndo o risco de perder o negócio, Tressler continuou argumentando com o homem, que não se deixava abalar. Insistia em pôr tudo em um termo de Control Data. Relutante, Tressler recebeu o valor, e desejou-lhe boa sorte.

Passados seis meses, devido a fatores que não podiam ter sido previstos por nenhum método racional, a Control Data era um dos papéis mais quentes do mundo, negociado a mais de US$100. Então, o estranho cliente apareceu e disse que queria liquidar sua posição.

Recebeu um cheque de pouco mais de US$60 mil. Em seis meses havia multiplicado seu capital em mais de uma dúzia de vezes. Pegou a grana, disse até logo e nunca mais foi visto pela Godnick & Son.

Um espanto, não é verdade? Mas a história não acaba aí. Eu entro nela.

Até aqui, o caso me foi contado por Bert Godnick, o "& Son" da corretora, em um restaurante perto de Wall Street. Ouvi tudo com grande interesse porque, por acaso, eu era dono de algumas centenas de ações da Control Data.

Eu não fora presciente como o leitor de tarô de Marty Tressler. Não comprara minhas ações a US$30. Quando embarquei, já andavam pelos US$60, a animação era grande à volta delas, e eu achava que ainda ficaria maior. Meu palpite estava certo. A cotação continuou com sua louca escalada. No dia do meu encontro com Godnick, dera um pulo enorme, parando um pouquinho abaixo de US$120, que eu estipulara como minha posição de saída.

Conversamos sobre tarô e sobre Control Data. Godnick não se entusiasmou quando eu lhe disse que pensava em liquidar minha posição quando o papel batesse US$120. Velho especulador, ele sabia tudo sobre liquidação de posições, mas achava que, nesse caso, eu deveria abrir uma exceção. Seu palpite era de que Control Data prosseguiria quente ainda por vários meses. O papel subiria muito mais. Conversamos a esse respeito. De brincadeira, ele finalmente sugeriu que, se eu não tivesse certeza, consultasse meu baralho de tarô.

Também brincando, foi exatamente o que fiz, no dia seguinte.

Existem várias maneiras de se obter "orientação" de um baralho de tarô. Uma delas é formulando uma pergunta direta: "O que devo fazer a respeito disso e aquilo?" Ou: "Quais são as perspectivas disso assim assado?" Embaralha-se, então, colocam-se as cartas da maneira prescrita, e elas são estudadas. Supostamente, a resposta está contida na ordem em que as várias figuras e naipes aparecem, e se estão voltados para cima. (Ao contrário dos baralhos modernos, as cartas de tarô têm a parte de cima e a parte de baixo.) Procedi como mandam as regras do tarô e fiz a minha pergunta sobre as perspectivas da Control Data. No tarô, as respostas costumam ser meio equívocas, cheias de "talvez...", "quem sabe...", "por outro lado...". Para minha surpresa, a que recebi não tinha talvez. Foi direta, dizendo que o futuro da Control Data era glorioso, impecável. Eu nunca vira uma disposição de tarô tão segura do que queria dizer.

Frank Henry teria morrido de vergonha de mim. Em toda a minha vida eu jamais permitira que religião ou ocultismo interferissem em meus assuntos financeiros. E somente umas poucas vezes, até então, eu rompera um compromisso que havia assumido comigo mesmo: sair de um jogo ao atingir o ponto de saída. Mas eu fora apanhado pelo tarô. A ação bateu US$120 e, em vez de vender, fiquei só olhando.

Em minha defesa, devo dizer que não fiquei amarrado à previsão do tarô, a ponto de adormecer sonhando. Continuei cultivando minhas sadias preocupações, pronto para pular fora ao primeiro sinal de crise. Durante semanas, porém, nada de sinal. O papel maluco subiu sem parar e bateu US$155.

A essa altura eu estava realmente preocupado. Quando você ultrapassa a posição de saída e não sai, passa a ter a sensação de que gigantescos elásticos o estão puxando para trás. Quanto mais você anda, mais eles parecem esticados. Quando o papel chegou a US$155, tornei a pôr as cartas.

Dessa vez a leitura foi catastrófica. As cartas diziam que mudanças violentas e imensas infelicidades vinham pela frente. Imediatamente, fiz o que sempre quisera fazer: mandei vender.

O papel foi indo, se arrastando, bateu US$160 e, daí, mergulhou. Para quem ficou segurando, uma catástrofe. Onda após onda de ordens de venda foram derrubando o preço, uma desencadeando a seguinte. Quando cessou o pânico, uns nove meses depois, a Control Data era negociada a US$28.

Salvo pelo tarô!

Será? Com o tempo, caí na real. Não existe a mínima prova de que a minha sorte tenha sido produto de qualquer qualidade mágica das cartas. O que aconteceu, na verdade, foram dois bons golpes de sorte.

Realmente, seria bobagem, no futuro, depender de sorte igual, em circunstâncias semelhantes. Até tal esperança seria loucura: poderia me levar, sem escalas, a um desastre financeiro. Tendo compreendido isso, imediatamente recuei e afastei-me da ilusão ocultista que quase me envolvera. Guardei meu baralho de tarô, jurando não tornar a pôr as mãos nele, a não ser em festas, para divertir o pessoal. Mantive o juramento. Com o tempo, até em festas a coisa ficou sem graça. Perdi o interesse pelo tarô, e já nem sei onde foi que guardei aquele baralho danado.

Se astrologia funcionasse, diz o nosso 12º Axioma Menor, todos os astrólogos seriam ricos. O mesmo vale para o tarô. Qualquer um pode ter um ou dois lances, mas o teste verdadeiro para qualquer hipótese de se ganhar dinheiro é se funciona *sempre*. Depois da aventura da Control Data, se eu ainda tivesse dúvida em rejeitar a ajuda do oculto, pouco tempo depois já não teria mais.

Certo dia, em Nova York, fui almoçar com um autoproclamado mestre do tarô. O convite fora dele. Vivia de ler tarô, da venda de baralhos e de um manual de instruções. Sabendo que eu andava pensando em escrever mais sobre o assunto, achou que era uma chance de obter divulgação. Por mim, tudo bem. Era um tipo interessante. Garantia que o tarô era um dos melhores meios do mundo de se atingirem objetivos financeiros.

Terminado o almoço, o garçom trouxe a conta. O mestre do tarô fez que não viu. Finalmente, acabei pagando a despesa. Ele sorriu e disse:

"É por conta da firma, não é mesmo?"

Na verdade, na época eu não trabalhava para firma nenhuma, mas tudo bem. Só que, ao sairmos do restaurante, na calçada, as coisas ficaram mais engraçadas ainda. Explicando que, temporariamente, estava com "um pequeno problema de caixa", o mestre do tarô me tomou US$5 para o táxi!

Nunca mais pus os olhos nele, nem nos meus US$5. Mas não me queixo pelo dinheiro. Entrou como despesa de educação.

13º AXIOMA MENOR

Não é necessário exorcizar uma superstição. Podemos desfrutá-la, desde que ela conheça o seu lugar.

A maioria de nós carrega consigo algumas superstições. Mesmo que não sejamos devotos em tempo integral de alguma linha ocultista como a astrologia, andamos sempre com amuletos e temos aversão ao número 13. Conforme já vimos, qualquer crença religiosa, mística ou supersticiosa pode representar grave risco a quem quer ficar rico.

Porém, se você tem alguma dessas crenças, inteira ou pela metade, não há a menor necessidade de embarcar em nenhum trabalhoso programa para se livrar dela. De qualquer forma, esses programas não dão certo. Se não gosta de passar embaixo de escadas, não gosta e pronto. Em vez de tentar exorcizar isso, o que tem de fazer é descobrir como e quando esse dado pode desempenhar um papel razoável em sua vida financeira.

Será um papel absolutamente menor, trivial. Porém, se você realmente gosta desse seu lado místico, ou quase místico, ao menos poderá mantê-lo como uma espécie de bichinho de estimação.

A partir de agora, de tempos em tempos usarei a palavra "superstição". Sem sarcasmo ou reprovação. O que para mim é superstição pode ser religião para você e vice-versa. Conforme usado aqui, "superstição" quer dizer crença no sobrenatural, não partilhada por todo mundo.

Existe *um modo* de permitir que uma superstição invada sua vida financeira, e existe *um tempo certo* de fazê-lo. Um de cada, e somente um. Todos os demais modos e tempos podem levá-lo ao desastre.

O modo de fazê-lo é rindo.

O tempo de fazê-lo é quando se encontra em uma situação que não se presta, de modo algum, à análise racional.

Exemplo: escolher um número para comprar um bilhete ou jogar no bicho. Qualquer um serve, pois são todos iguais. Não há análise a fazer. Nenhum volume de cogitação lhe dará a mais microscópica vantagem sobre os demais jogadores. O resultado será definido por pura sorte. Já observamos a imensidão do papel que a sorte desempenha em outras situações que envolvem dinheiro — a Bolsa de Valores, por exemplo. Mas pelo menos aí temos uma oportunidade de pensar um pouco, de usar um pouco a cabeça, a intuição na luta por vantagens especulativas. Nos jogos em que só nos cabe escolher um número, nem isso.

O que fazer então? Só há uma coisa a fazer: relaxar. Divertir-se um pouco. Ponha um sorriso nos lábios — é importantíssimo jamais levar nada disso a sério — e deixe sua superstiçãozinha tomar conta do negócio.

Charles Kellner, de Hillsdale, Nova Jersey, é alguém que lida com esse fato muito bem. Seu dinheiro está aplicado em imóveis, em um restaurante e em outros negócios. No que se refere a isto, não há superstição que entre em suas cogitações. Quando compra bilhetes de loteria, porém, baseia-se em algo que, às gargalhadas, admite ser muito estranho: em palpites sonhados.

Na loteria de Nova Jersey você tem de acertar um número de três dígitos. O bilhete custa US$0,50, o prêmio é de US$500. Havia algum tempo que Kellner, sem sucesso, vinha comprando bilhetes. Uma noite o número de sua casa, 283, apareceu na trama de seu sonho e, ao acordar, ficou em sua cabeça. Não soube explicar por quê. Não era um número especial para ele. De brincadeira, naquele dia comprou o número na loteria e, louvados sejam os astros, faturou US$500.

Poucas semanas depois, tornou a sonhar, dessa vez com a mãe.

De novo, só de brincadeira, no dia seguinte apostou no número da casa em que ela morava. Ganhou de novo.

"Ele é o sonhador dos três dígitos", diz Dolores, sua mulher. "Eu vou é enchê-lo de comprimidos para dormir. Dormindo, ganha mais por hora do que jamais ganhou acordado."

Charles Kellner se diverte demais com seus palpites noturnos. Desempenham um papel absolutamente inconsequente em sua vida financeira. Ele deixa que tais palpites se intrometam somente quando está jogando, e apenas em situações que não permitem, absolutamente, qualquer cálculo racional.

Por não ser supersticioso, Charles não acredita que realmente possua qualquer habilidade mágica de gerar sonhos proféticos. Mas, mesmo que acreditasse, ainda que tivesse a remota ideia de que isso pudesse ser verdade, não faria a menor diferença em suas finanças. Usando sua superstição do modo certo, na hora certa, ele se diverte e livra-se dela.

Estratégia especulativa

Vamos dar uma revisada no 8º Grande Axioma. O que tem a dizer sobre dinheiro, religião e ocultismo?

Basicamente, diz que dinheiro e o sobrenatural produzem uma mistura perigosa, que pode explodir em sua mão. Mantenha os dois mundos bem separados. Não há a menor prova de que Deus se interesse por seu saldo bancário; tampouco existem indícios de que alguma crença ou prática ocultista tenha produzido, de forma coerente, bons resultados financeiros para seus devotos. O máximo que já aconteceu foi alguém, ocasional e isoladamente, acertar uma vez na mosca. Isso costuma chamar muita atenção, mas só prova que golpes de sorte acontecem.

Esperar a ajuda de Deus, do oculto ou de poderes mentais não apenas é inútil, como também perigoso. Pode acabar por levá-lo a um estado totalmente sem preocupações, o que, conforme já vimos, é um péssimo estado para um especulador. Zelando pelo seu dinheiro, parta do princípio de que está absolutamente só. Apoie-se exclusivamente em seus próprios talentos.

9. O 9º Grande Axioma: DO OTIMISMO E DO PESSIMISMO

Otimismo significa esperar o melhor, mas confiança significa saber como se lidará com o pior. Jamais faça uma jogada apenas por otimismo.

O otimismo sempre teve críticas favoráveis. É considerado um traço positivo da personalidade. Os otimistas são pessoas alegres, animadas, bons companheiros para as horas difíceis. Nos Estados Unidos, durante a Grande Depressão, na década de 1930, chegou-se a criar uma rede nacional de Clubes dos Otimistas. Sua atraente doutrina dizia que as coisas melhorariam, bastando, para isso, que as pessoas *acreditassem* que estavam melhorando. Passado algum tempo, realmente a Depressão acabou, e alguns otimistas disseram: "Estão vendo? Funcionou."

Talvez o otimismo tenha mesmo desempenhado algum papel — com uma mãozinha da Segunda Guerra Mundial. Mas é melhor você ter muito cuidado com o papel que o otimismo desempenha em sua vida financeira.

Uma genética sensação de esperança e expectativas positivas não podem fazer nenhum mal. "Vou aprender. Vou me dar bem. Vou conseguir." Realmente, sem um fundamento de esperança, como você vai se tornar especulador? Porém, no que se refere especificamente a transações de dinheiro, preste muita atenção ao otimismo. Pode ser uma atitude mental extremamente perigosa.

Jogadores profissionais têm perfeita noção disso. É um de seus mais eficazes instrumentos para limpar os bolsos dos amadores.

No pôquer, quando um profissional se defronta com uma situação na qual, pelas probabilidades, não deve apostar, ele não aposta. Deixa passar. Abandona o que já pôs na mesa, mas evita perdas maiores.

Em situação idêntica, o amador se atrapalha todo no otimismo. "Posso dar sorte", pensa ele. "Talvez saia a carta de que eu precise... Talvez esse cara esteja blefando..."

De vez em quando, é verdade, o amador dá sorte. Acontece o que as probabilidades diziam que não aconteceria. O amador derrota as probabilidades um número suficiente de vezes para manter vivo seu louco otimismo. É assim que ele continua apostando em oportunidades perdidas. Vez por outra é possível derrotar as probabilidades, mas não sempre. Geralmente, se as probabilidades disserem que você está frito, está mesmo. Sabendo disso, e sabendo como é fácil convencer o amador a apostar quando não deve, o profissional fica rico.

O profissional não tem otimismo. O que ele tem chama-se confiança. A confiança nasce do uso construtivo do pessimismo.

Descendo pelo vale das sombras, o otimista sorri e diz: as coisas nunca são tão ruins quanto parecem. Em vez de ser dito, isso, às vezes, é cantado. Existem, sobre o tema, praticamente tantas canções quanto sobre o amor não correspondido. Esse é mesmo um bom tema, meloso, mas jamais permita que se misture à sua filosofia financeira. No pôquer, e em uma porção de outros mundos especulativos, quase sempre as coisas *são* tão ruins quanto parecem. Muitas vezes são até bem piores. São piores pelo menos tantas vezes quantas são melhores.

Se quiser, aposte em que são melhores; porém, na ausência de provas concretas em contrário, estará sendo superotimista. Na maioria das vezes, o curso mais seguro é presumir que, se uma situação parece ruim, *é* ruim mesmo.

"Jamais faça uma jogada apenas por otimismo", diz este 9º Grande Axioma. Em vez disso, saia atrás de confiança. Confiança não vem de se esperar o melhor; vem de saber como se lidará com o pior.

O profissional de pôquer sabe o que fazer se as cartas se voltarem contra ele. Naturalmente, espera que isso não ocorra, mas não larga o seu destino por conta dessa esperança. Entra no jogo preparado e equipado para, se estiver em uma maré de pouca sorte, manter a cabeça fria. Pessimismo construtivo é isso.

Em contraste, vamos dar uma olhada na triste saga do jovem casal que achava que o otimismo era suficiente. Vamos chamá-los Sam e Judy, que não são seus nomes verdadeiros. A história me foi contada por uma corretora de imóveis em um subúrbio de São Francisco.

Sam e Judy eram representantes bastante típicos dessa fauna chamada *yuppies (young urban professionals* — "jovens profissionais urbanos"). Sam trabalhava em propaganda; Judy era residente de pediatria em um hospital.

Alimentavam grandes sonhos. Sam queria ter sua agência um dia, enquanto Judy queria uma clínica particular. Sadiamente compristas, falavam abertamente em ficar ricos. A fim de apressar esse processo, ainda no princípio do casamento haviam começado a expor suas economias a riscos.

No início, considerando-se a inexperiência de ambos como especuladores, até que não foram mal. A sorte estava ao lado deles. Ao longo de alguns anos conseguiram dobrar o capital que, no dia do casamento, consistia de duas cadernetas de poupança que chegavam a cerca de US$12 mil. Estavam com US$25 mil, mais ou menos. Foi então que a sorte virou.

Souberam de um imenso loteamento em um estado do Sudoeste. Para a construção de casas ou como investimento, eram oferecidos lotes de vários tamanhos, de 2 mil metros quadrados para cima. Mas a imobiliária não ia lá muito bem. Em um trecho do enorme empreendimento haviam aberto estradas e instalado luz, conforme prometido, mas o dinheiro acabara ali. A maior parte da área continuava um semideserto intocado.

A fim de levantar o dinheiro desesperadamente necessário, passaram a baixar os preços dos lotes nas áreas nuas. Em comparação aos terrenos urbanizados, esses lotes pareciam ridiculamente baratos.

Animadíssimos, Sam e Judy estudaram aquela situação interessante. Com o dinheiro de que dispunham, dava para comprar um belo pedaço da área não urbanizada. Revendendo os lotes na hora certa, poderiam duplicar, até mesmo triplicar o investimento em pouco tempo.

Bem, isso se as estradas prometidas viessem a ser abertas e se a luz algum dia chegasse mesmo até lá.

Tratava-se de uma aposta no destino da companhia urbanizadora. Se recuperasse sua saúde financeira, se as várias questões na justiça fossem decididas a seu favor e se mais uma porção de coisas, com o tempo, então, estradas e luz elétrica alcançariam os lotes em que Sam e Judy estavam interessados. Se saísse tudo ao contrário, porém, aquilo permaneceria um deserto inacessível para sempre.

Os folhetos e os corretores, naturalmente, faziam promessas, ou, para sermos mais exatos, balbuciavam frases encorajadoras que soavam como promessas, mas que, legalmente, não obrigavam a imobiliária a coisa alguma: "Prevê-se que...", "Os diretores acreditam que...". Sam e Judy não eram tão ingênuos para entrar nessa. Sabiam dos riscos. A companhia poderia falir. Ou os acionistas podiam decidir que não queriam mais e liquidar o negócio, pôr no bolso o que sobrasse de dinheiro em caixa e ir em frente. Nesses casos, as terras de Sam e Judy passariam a valer menos do que a pechincha que estavam pagando. Na realidade, poderiam acabar pura e simplesmente invendáveis. O dinheirinho deles poderia ficar preso ali para sempre.

Mas eles achavam que valia a pena correr os riscos. Eram otimistas.

Assumir riscos não tem nada de errado, lógico. Afinal, especulação é exatamente pôr seu dinheiro em um projeto cujo resultado não é previsível. Conforme vimos ao estudar outros Axiomas, praticamente *todos* os projetos têm resultados imprevisíveis. Os assuntos humanos não mostram padrões confiáveis. Não há previsão em que se possa acreditar. Esteja você comprando ações da IBM ou terra nua, tudo é um jogo. Ao arriscarem seu dinheiro na esperança de ganho, Sam e Judy não estavam fazendo nada que os chamados "investidores", pessoas supostamente prudentes, não façam o dia inteiro em Wall Street.

Sam e Judy, porém, cometeram um erro fundamental: não foram pessimistas o bastante; não pensaram em como se safariam caso as cartas se voltassem contra eles.

Comprar ações da IBM é um jogo, mas, se a coisa não andar, você tem uma saída: vende. O 3º Grande Axioma nos ensina que essa não é a coisa mais fácil do mundo de se fazer, mas pelo menos é uma possibilidade que fica em aberto. Sempre haverá quem compre, porque sempre há alguém fazendo mercado para a IBM. Ao entrar no negócio, você pode determinar a saída: se o preço descer a tanto, cair fora.

Saber como lidar com o pior — isso é confiança.

Tivessem sido menos otimistas, Sam e Judy poderiam ter estabelecido uma saída. A terra em que estavam de olho ficava a quase 2 quilômetros da área desenvolvida, de onde terminavam as estradas de acesso. A distância era parte da razão de o preço ser tão baixo. Outras áreas nuas, mais próximas, estavam igualmente à venda, a preços relativamente mais altos. Sam e Judy poderiam ter comprado nessas áreas mais caras. Assim, caso a imobiliária falisse, com uma estradinha de acesso relativamente curta, daria para tornar suas terras utilizáveis e vendáveis.

Ao fazerem isso, ainda sairiam do negócio com prejuízo. Mas, ao menos, poderiam sair.

Em vez de pensarem nessa triste alternativa, apostaram apenas em seu otimismo. Para eles, parecia um quadro cheio de perspectivas. Se a imobiliária se recuperasse de suas dificuldades e levasse a termo os planos anunciados — e Sam e Judy descobriam razões para acreditar que isso aconteceria —, eles e outros investidores nas mesmas áreas teriam ganhos de arrepiar os cabelos. Foi assim que Sam e Judy entraram em um negócio sem saída.

Isso tudo aconteceu há muitos anos. A imobiliária já deixou de existir faz tempo. Estradas e luz elétrica, adeus. As autoridades judiciárias do estado até hoje estão à procura dos donos, a fim de obrigá-los a um acerto de contas. Até hoje, nada. Enquanto isso, Sam e Judy estão entalados com uma área de terra nua que só pode ser visitada a pé ou em lombo de burro, e não parece que essa situação vai mudar tão cedo.

É possível que jamais consigam vender. Eles e os demais proprietários das áreas têm conversado sobre ratear os custos da abertura de estradas de acesso e de puxar luz até lá, mas as coisas não têm andado. São despesas muito altas, e ainda que alguns se disponham a pagar suas partes, outros não querem. Traídos pelo otimismo, Sam e Judy foram apanhados em uma armadilha que, pode-se dizer, é para o resto da vida.

A sensação produzida pelo otimismo é boa, o que justifica o fato de ele ser tão traiçoeiro. É uma sensação muito melhor que a do pessimismo. É uma atração hipnótica. Como as sereias da antiga lenda grega, que atraíam os marinheiros com seu canto para a morte nos rochedos.

Ao se iniciar, qualquer negócio tem um número ilimitado de possibilidades futuras, algumas boas, outras más, todas igualmente possíveis. Tanto é possível subir quanto descer. Mas quais as possibilidades que você *acha* mais prováveis? As boas, claro.

O otimismo faz parte do homem, e, provavelmente, é incurável. Ao mantermos um olho para espiar um futuro impenetrável, esperamos o melhor, nos convencemos a esperar o melhor. Talvez seja impossível a vida sem otimismo. As especulações seriam impossíveis, com toda a certeza. O próprio ato de arriscar é uma afirmação de otimismo em relação ao resultado desconhecido. Aí está o paradoxo: o otimismo, que dá uma sensação boa e pode ser até necessário, se escapar ao controle, é capaz de nos levar a uma catástrofe financeira.

Não apenas leva a catástrofes do gênero daquela que se abateu sobre Sam e Judy, como é uma das principais causas de erros de cálculo e de opinião. Wall Street exibe provas disto diariamente. Esteja como estiver o mercado em determinado dia, sempre se encontram otimistas para dizer que a próxima grande alta começa na próxima semana. Há também os pessimistas, para dizer o contrário. A quem costumamos ouvir? Na maioria das vezes, os otimistas; seu canto é mais melodioso.

Você mesmo pode verificar isso. Grandes jornais financeiros como o *Wall Street Journal* e o *New York Times* publicam diariamente colunas sobre o mercado, mexericos e opiniões sobre a Bolsa. Assim que se encerra o pregão, os colunistas pegam o telefone e ligam para corretores, analistas de investimentos e outros *experts* capazes de falar com nexo sobre os negócios do dia. Cada jornalista tem seus favoritos para essas conversas. Quais os critérios dos jornalistas para a escolha de seus personagens? O que qualifica alguém para ocupar a posição de oráculo posterior ou anterior? Três coisas, basicamente: acessibilidade, falar (e pensar) articuladamente e otimismo.

Pelas minhas próprias pesquisas, ao longo de vários anos, pelo menos três quartos de tudo que apareceu nessas colunas sobre o mercado foram opiniões otimistas. Isso, com toda a certeza, é uma visão distorcida: do ponto de vista do dia a dia da Bolsa, o futuro do mercado tanto pode ser ruim quanto bom. Altistas e baixistas deveriam aparecer em números quase idênticos. Se acreditarmos nos colunistas, a maioria do mercado é altista. Por quê? As explicações são duas:

Primeira: os altistas são realmente mais numerosos que os baixistas. Isso, naturalmente, porque o otimismo é mais agradável que o pessimismo. Então, mesmo que um jornalista muito consciencioso saísse à cata de um número igual de informantes baixistas e altistas, visando publicar uma coluna bem-equilibrada, acabaria frustrado: é muito mais fácil encontrar altistas.

Segunda: jornalistas econômicos não costumam procurar muito esse equilíbrio. Por que não? Porque preferem conversar com altistas. O canto é mais melodioso. Assim, ainda que houvesse igual número das duas espécies perambulando por Wall Street, os altistas continuariam mais representados como fontes.

Entre os altistas, os *mais altistas* são os que mais falam com os jornalistas. Conheço um camarada cujo nome aparece em jornais, rádio ou televisão pelo menos duas vezes por mês. Trabalha em uma das maiores e mais antigas corretoras de Wall Street. É uma pessoa tão doce e sua conversa é tão boa que eu não gostaria de constrangê-lo nem de prejudicar sua imagem citando aqui seu nome. Seria um pecado, acho eu, conspurcar o som de sua música.

Os colunistas não o largam de mão porque é um otimista empedernido. O fato de estar geralmente errado não parece abalar ninguém, nem diminuir sua atração. Ao longo de 1980 e 1981, ele jamais se cansou de prever que uma grande alta vinha chegando. Não veio, mas os colunistas não deixaram de citá-lo. Finalmente, em agosto de 1982, ele teve razão. Chegou a grande alta, que, na primavera de 1983, desandou. Não tem problema, dizia a valente alma, estamos assistindo apenas a uma pausa temporária na alta. Continuava afirmando que o índice Dow Jones logo bateria 1.300. Não bateu. No primeiro quadrimestre de 1984, andou se arrastando pelos 1.100. O que só fazia a fonte ficar mais otimista ainda. Bastava um bom pregão para ele dizer que o paraíso ficava logo ali na esquina. No começo de abril, depois de semanas e semanas de tristezas, o índice conseguiu subir 20 pontos num pregão. No *New York Times* nosso otimista afirmava que era o começo da segunda fase de grande alta.

No dia seguinte, o índice devolveu metade da alta da véspera. Mais um pregão, e devolveu o resto.

A prometida "segunda fase" parecia um pouquinho adiada. O que não parecia afetar a fonte, nem diminuir o número de colunistas que o procuravam. Na semana seguinte, lá estava ele sussurrando seu canto de sereia ao ouvido do *Wall Street Journal*.

É por aí que funciona a exasperante inteligência humana. Otimismo e otimistas nos fascinam. Não sabem absolutamente nada mais sobre o futuro que os pessimistas; nem podemos presumir que, ao escolher entre os dois, vale mais a pena, objetivamente, dar ouvidos ao otimista. Contudo, conforme acabará aprendendo, se já não aprendeu, você sempre preferirá escutar os otimistas.

À sua volta há otimistas por todo lado, e um deles, dos mais insistentes, com certeza, está dentro de sua cabeça. Cuidado com eles. São capazes de confundir suas opiniões da forma mais alarmante.

Na antiga lenda, para passar com o barco pelas sereias, Odisseu tapou com cera os ouvidos de sua tripulação e se amarrou ao mastro. Essas defesas não são eficazes contra o canto dos otimistas. Você jamais conseguirá bloquear totalmente a canção; afinal de contas, você também é gente, humano. O que *pode*, sim, é manter-se atento à inclinação otimista de sua bússola interna, e ficar alerta a seus perigos.

Quando se sentir otimista, tente examinar se essa sensação gostosa encontra, realmente, justificativa nos fatos. Na metade das vezes, pelo menos, não há nenhuma.

Estratégia especulativa

O 9º Grande Axioma adverte que o otimismo pode ser inimigo do especulador. Dá uma sensação boa e, por isso mesmo, é perigoso. Costuma toldar completamente o raciocínio. Pode levá-lo a caminhos sem saída. E, ainda que haja uma saída, o otimismo é capaz de persuadi-lo a não utilizá-la.

O Axioma diz que não se deve entrar em nenhuma jogada apenas por otimismo. Antes de pôr seu dinheiro em um negócio, pergunte-se como se safará se algo der errado. Com isso muito bem-resolvido, já terá em mãos algo mais que o mero otimismo. Terá confiança.

10. O 10º Grande Axioma: DO CONSENSO

Fuja da opinião da maioria. Provavelmente está errada.

René Descartes foi campeão mundial da dúvida. Teimosamente, recusava-se a acreditar em qualquer coisa até que a tivesse verificado pessoalmente. Esse foi um dos traços que fez dele um jogador-especulador bem-sucedido. Morreu há mais de trezentos anos, mas o especulador moderno aproveitará muito — além de passar várias noites agradáveis — com a leitura da obra desse encantador homenzinho feioso, com seus olhos negros e penetrantes, o nariz feito um crescente, e dotado de um gigantesco intelecto. Descartes começa sua filosofia duvidando de tudo, literalmente, inclusive da existência de Deus, do homem e de si próprio. As autoridades religiosas da sua França natal ficaram furibundas, de maneira que foi melhor ele fugir para os Países Baixos. Ao continuar recusando o que os outros queriam lhe vender como verdade, ele buscou meios de descobri-la, através de seus próprios sentidos e experiências. Finalmente, deu com o que considerou uma verdade básica e indiscutível: "*Cogito, ergo sum*", ou seja: "Penso, logo existo." Agora convencido de que não era apenas um fantasma de seus próprios sonhos, Descartes continuou a comprovar ou rejeitar outras verdades postuladas. Nesse processo, fez importantes contribuições à matemática, e construiu uma filosofia que, pela pura lucidez de seu pensamento, não foi superada em três séculos — e, na minha opinião, nunca encontrou concorrentes, sequer quem se lhe aproximasse. No mesmo impulso, também, tanto como hobby quanto porque gostava de vinhos caros e de outros luxos, Descartes estudou cientificamente os jogos.

Na primeira metade do século XVII existiam poucas e mal-organizadas bolsas de valores e de mercadorias. Descartes deixou-se fascinar pelo grande e ativo mercado de Amsterdã; se chegou a pôr seu dinheiro ali, e em que quantidade, não se sabe. Sabe-se, porém, que frequentemente viajava a Paris, às vezes com documentos falsos, para não ser preso como herege, a fim de jogar.

Para tomar dinheiro dos trouxas, havia disponíveis jogos de cartas, tabuleiros e roletas. Descartes gostava de jogos que, como o bridge e o pôquer hoje em dia, além de sorte, implicavam cálculos matemáticos e psicologia. Estudava os jogos com o cuidado e o ceticismo costumeiros, rejeitando todos os clichês e lugares-comuns de sua época, insistindo em descobrir verdades e falácias por conta própria. Aparentemente, sempre voltava de Paris mais rico do que na ida, às vezes muito mais. Embora o único meio de vida conhecido, ao longo de toda a sua vida de adulto, tenha sido uma modesta herança do pai, Descartes morreu financeiramente muito bem.

O truque, não se cansava de repetir em diferentes contextos, é rejeitar o que lhe dizem, até ter pensado tudo pela própria cabeça. Duvidava das verdades afirmadas por autoproclamados especialistas, e recusava-se até a ouvir a opinião da maioria. Escreveu: "Não existe praticamente nada que tenha sido afirmado por um sábio e não tenha sido contraditado por outro." E também: "Contar votos não serve para nada. Em qualquer questão difícil, é mais provável que a verdade seja descoberta por uns poucos do que por muitos."

Foi com essa visão de mundo, arrogante talvez, e certamente solitária, que René Descartes frequentou as mesas de jogo de Paris, das quais saiu rico. Um especulador bem-sucedido só tem a ganhar dando atenção às palavras desse homenzinho duro, de olhar penetrante.

Em nossa era democrática, em nosso democrático lado do mundo, tendemos a aceitar sem críticas a opinião da maioria. Se um monte de gente diz que é assim, tudo bem, assim seja. É como nós pensamos. Se não temos certeza de alguma coisa, vamos contar os votos. Desde o ensino fundamental aprendemos que a maioria está sempre certa. Nos Estado Unidos e em outras nações ocidentais isso é quase uma religião, principalmente na França e na Inglaterra, ambos países com longas tradições de resolver problemas pelo voto popular. Se 75% das pessoas acreditam em alguma coisa, parece quase um sacrilégio perguntar, ainda que num sussurro:

"Ei, esperem aí, será que não podem estar errados?"

Guiemo-nos por Descartes: podem.

Nos Estados Unidos, é o voto que decide quem governa. É o único meio de fazê-lo. Pelo menos, é o único meio que os norte-americanos aceitam sem briga. São treinados desde a infância a aceitar o desejo da maioria.

Às vezes, há quem resmungue contra esse desejo — quem perde uma eleição reclama muito —, mas, no fundo, por trás de todo o som e de toda a fúria, sempre se ouve o tema da democracia: "O povo falou. Não se pode iludi-lo. Se é isso que quer, deve estar certo."

Essa humilde aceitação da opinião da maioria passa para a vida financeira. Não apenas se ouvem economistas, banqueiros, corretores, assessores e outros especialistas, mas também as maiorias. E isso pode custar dinheiro, pois, como dizia Descartes, é mais provável que a verdade tenha sido encontrada por poucos do que por muitos.

Os muitos podem estar certos, mas as probabilidades são contrárias a eles. Pare com o hábito de achar que todas as afirmativas muito repetidas são a verdade. "Um grande déficit orçamentário será a ruína da América", diz quase todo mundo. É verdade? Talvez sim, talvez não. Descubra por si mesmo. Tire suas próprias conclusões. "Na segunda metade da década, aumentarão a inflação e a taxa de juros." É mesmo? Não engula isso simplesmente. Examine. Não deixe que a maioria manobre você.

Quando estudamos os outros Axiomas, vimos muitas coisas que são afirmadas pelas maiorias. Vale mais um pássaro na mão que dois voando. Mantenha uma carteira diversificada. Arrisque apenas o que pode se permitir perder. E assim por diante. Todos esses conselhos supostamente sábios fazem parte do consciente popular. Em qualquer coquetel ou reunião, basta trazer investimentos à discussão que os clichês logo aparecem. E, à medida que esses chavões vão sendo repetidos, quem estiver por perto balançará a cabeça, compenetradamente, e dirá:

"Exato. Perfeito! Excelente conselho!"

A maioria das pessoas acredita que os antigos clichês são verdades indiscutíveis. Isso posto, vale a pena observar que a maioria das pessoas não é rica.

14º AXIOMA MENOR

Jamais embarque nas especulações da moda. Com frequência, a melhor hora de se comprar alguma coisa é quando ninguém a quer.

As pressões da opinião majoritária são perturbadoras, principalmente quando se aplicam às questões de *em que* e *quando* investir. É aí que os especuladores geralmente muito espertos se deixam enganar, com maus resultados.

Tomemos a Bolsa de Valores como exemplo. Qual é a melhor hora de se comprar uma ação? Quando o preço está baixo, lógico. E a melhor hora de vender? Ora, quando está alto, claro. As crianças aprendem isso no jardim de infância, e, mesmo que ninguém lhes tenha ensinado, aprendem sozinhas.

O que geralmente não aprendem até a idade adulta é que essa fórmula, aparentemente tão simples, é dificílima de ser posta em prática. Boa parte dessa dificuldade se deve ao fato de que o especulador tem de ir contra a pressão da opinião pública.

Como regra geral, o preço de uma ação — ou de qualquer outro objeto de especulação com igual fluidez — cai quando um número significativo de pessoas passa a crer que não vale a pena comprá-la. Quanto menos interessante acharem que é, mais desce o preço. Daí o grande paradoxo que não é ensinado no jardim de infância: a hora de comprar é precisamente quando a maioria está dizendo que não deve fazê-lo.

Na hora de vender, a verdade é o contrário. O preço de um objeto de especulação sobe quando um grande número de compradores briga para adquiri-lo. Quando todo mundo estiver gritando: "Eu quero!", você deve estar do outro lado do balcão, tranquilamente, dizendo: "Aqui está, com o maior prazer."

Tomemos um exemplo específico. No começo da década, a indústria automobilística caiu em um amplamente divulgado mar de problemas. Eram problemas graves e, pelo que se podia ver, insolúveis. Detroit olhava para o futuro, e era a boca do inferno. Falava-se abertamente de falências entre montadoras e fabricantes de autopeças. Fechavam-se fábricas, uma após outra. Milhares de operários viram-se na rua, desempregados. Numa tentativa desesperada de reter o capital de giro, de 1979 a 1981 a GM cortou seus dividendos pela metade; no ano seguinte, a Ford não pagou dividendos.

A maioria das opiniões — dos sindicatos de Detroit aos clubes e bares de Wall Street — era de que a indústria estava mesmo em um buraco, e que não sairia dele por muito, muito tempo. Para a maioria, quem àquela altura comprasse ações da indústria automobilística tinha mais era que passar por um psiquiatra. Indesejadas, as ações desceram a níveis assustadores. Em 1981 ou 1982, era possível comprar GM ordinárias a US$34 — em mais de vinte anos, não haviam estado tão em baixa —, e muitos especialistas previam que ainda desceriam mais. As da Ford, ajustando-se ao desdobramento de cada duas ações em três sem aumento do capital da empresa, haviam tido seu valor nominal diminuído e, naqueles anos ruins, estavam por US$11.

O resultado é que quem ignorou a opinião majoritária daqueles anos fez um excelente negócio. Os papéis da GM, que em meados de 1982 eram comprados a US$34, em 1983 já custavam US$80; a Ford mais que quadruplicou, de US$11 para US$46 e pouco.

Os problemas da indústria haviam sido mais passageiros do que a maioria considerava possível. Ganharam dinheiro os especuladores que não deram atenção ao que dizia a maioria e resolveram pelas próprias cabeças.

É muito difícil, porém, pensar "sim" quando à sua volta está todo mundo berrando "não!". Para alguns especuladores, esse é um dos grandes problemas. Maiorias estão sempre dissuadindo-os de executar bons lances.

Durante a catástrofe da indústria automobilística, aconteceu com a minha mulher. No começo de 1982 ela vendeu um CDB de seis meses que trazia guardado. Tinha um palpite sobre a Ford, que, conforme vimos, estava no fundo do poço. Ela gostava dos carros da Ford, vivia ouvindo outras mulheres elogiá-los e achava que o choro e o ranger de dentes que se escutavam em Detroit eram apenas um ataque de pânico e autocomiseração, e que passaria logo. Foi conversar com seu corretor sobre a compra de ações da Ford.

O homem riu na cara dela.

Tratava-se de um sujeito mergulhado até as orelhas na opinião majoritária, e era capaz de documentar essa opinião, abundantemente. Artigos em jornais, relatórios, análises e, naturalmente, o próprio preço baixo do papel. Tudo isso formava um poderoso coro: "Não compre!"

Ela não comprou. Da parte dela, tal atitude foi muito inusitada, pois, na maioria das situações, costuma pensar por conta própria e chegar sozinha às conclusões. Nesse caso, porém, a pressão da maioria foi simplesmente demais. E ela não resistiu.

A pressão da maioria não só é capaz de demolir um bom palpite, como também nos faz duvidar até mesmo quando *sabemos* que temos razão. O departamento de psicologia da Universidade de Princeton costumava demonstrar isso.

A experiência era maldosa, mas extraordinariamente eficaz. Oito ou dez pessoas se sentavam em volta de uma mesa. Ao centro, meia dúzia de lápis de cores variadas. Todos do mesmo comprimento, exceto um — o vermelho, digamos —, que era obviamente mais curto que os demais.

Às pessoas à volta da mesa, pedia-se que opinassem sobre o comprimento dos lápis. A maioria — todo mundo, menos uma pessoa espantadíssima — expressava opiniões claramente erradas, que iam contra o que os olhos viam. Diziam que os lápis eram todos do mesmo tamanho.

A maioria havia sido ensaiada, e sabia o que estava acontecendo. Todas as pessoas ali sabiam do plano, menos uma. A ideia era ver como essa pessoa reagiria.

Em cerca de um terço dos casos, a vítima entrava em colapso moral e acompanhava a maioria. Apesar da evidência diante de seus olhos, a pessoa relutava, chiava, suspirava, se contorcia e acabava concordando, é, está legal, acho que todos têm razão, os lápis são do mesmo tamanho.

Ir contra a maioria é uma das coisas mais difíceis do mundo. Não é fácil nem quando a discussão trata de fatos que podem ser vistos e medidos. Fica muito mais complicado quando se trata de questões de opinião, que não podem ser imediatamente verificadas. Quase todas as questões que mexem com dinheiro pertencem ao segundo gênero.

Tanto quanto sei, não existe um curso de fortalecimento dos músculos mentais que possa reforçar sua capacidade de resistir a pressões da maioria. Em jantares, às vezes eu me coloco, de propósito, na condição de minoria de um, expressando alguma opinião idiota que, com certeza, fará todo mundo querer me bater: "A guerra nuclear pode ser uma coisa muito menos horrorosa do que aquelas guerras antigas, nas quais as pessoas eram esquartejadas por espadas", ou outra bobagem desse tipo. É muito estimulante tentar se defender de uma maioria assim enraivecida; se o fortalecerá para a próxima vez que a Ford estiver em um atoleiro e você quiser comprar suas ações, não sei dizer.

A melhor defesa contra a pressão da maioria, provavelmente, é saber que existe e conhecer seu poder coercitivo. Com frequência, os novatos em especulações parecem não ter essa consciência. Um novato desses é capaz de ser atropelado por uma maioria sem sequer se dar conta do que está lhe acontecendo.

Assim, sempre se encontrarão novatos entre as hordas especuladoras atraídas por modismos. Quando o ouro é a Especulação do Mês — está todo mundo falando, todas as colunas de jornais comentam furiosamente os negócios de ouro —, é aí que o especulador recém-nascido mergulha e vai fundo. É também quando a cotação do ouro está nas alturas, mas as pessoas parecem levar muito tempo até se darem conta disso. Da mesma forma, quando as pequenas empresas de baixo capital e alta tecnologia são o quente de Wall Street, quando a cotação de suas ações está nas nuvens, é aí que aparecem os especuladores recém-nascidos, trazendo seu dinheirinho para aumentar a pilha que um dia será uma fogueira.

Levam o novato no bico sem que ele sequer se dê conta de que está sendo levado. Ele nem se detém para perguntar: "Estou tomando essa decisão porque é a melhor ou porque *a maioria diz* ser a melhor?" Essa é a pergunta que Descartes faria. Podia investir em ouro, ou em alta tecnologia, mas somente por suas próprias razões, pouco se incomodando com o que o rebanho estivesse pensando ou fazendo.

Em seus esforços para resistir às pressões do rebanho, você terá de enfrentar, além do mais, a pressão de corretores e de outras pessoas que ganham com suas transações especulativas. Esses prestadores de serviços, que estão atrás de suas comissões e taxas, estão sempre a fim de empurrar o que for o quente na hora, o que estiver nas graças do público, o que for mais caro. Se você é um especulador habitual, será constantemente bombardeado por anúncios, conversas de camelô e por tudo que ajudar a lhe empurrar o que a maioria estiver comprando.

Não é que esses prestadores de serviços, por uma maldade qualquer, estejam a fim de vê-lo pobre. Ao contrário, até gostariam que você enriquecesse, em parte porque significaria ganharem mais dinheiro, por meio de taxas e comissões, e em parte porque são seres humanos como todos nós: gostam que as pessoas sorriam para eles. Mesmo assim, como qualquer vendedor de qualquer coisa, têm de estar atentos ao que o público quer.

Por exemplo, nas recessões, quase sempre o que o público quer é ouro. Quando a economia nacional está fazendo água e exibindo rachaduras, as moedas, as ações e tudo mais está desabando, o metal amarelo parece um cofre-forte guardando seu próprio valor. Em tempos ruins, como o início da década de 1980, o preço do ouro tende a subir porque está todo mundo comprando.

Conforme já discutimos, é a hora em que você deve tomar o maior cuidado se for fazer a mesma coisa. É também a hora em que a pressão de venda do ouro atinge o pico. No começo dos anos 1980 os jornais andavam cheios de anúncios oferecendo barras de ouro, moedas, medalhas. As corretoras badalavam as ações de mineradoras de ouro, como a Homestake. Fundos mútuos especializados em investimentos ligados ao ouro despachavam toneladas de folhetos e prospectos. Serviços especializados ofereciam análises e profecias sobre o ouro. Se quisesse pôr seu dinheiro em ouro ou em qualquer investimento ligado ao metal, bastava dar um telefonema a cobrar para dezenas de felizes operadores estarem ali, logo em seguida, para tomar o seu pedido.

Pelo final de 1983, porém, quando as condições econômicas pareciam mais róseas e a cotação do ouro andava em baixa, era preciso procurar com uma lupa quem lhe vendesse uma moeda de ouro.

Nada disso quer dizer que você fará, automaticamente, qualquer coisa que a maioria não esteja fazendo. Quer apenas dizer que você tem de resistir, teimosamente, às pressões da maioria, em vez de apenas ir na onda. Estude qualquer situação pela própria cabeça, processe-a em seu belo cérebro. É possível que você conclua que a maioria está errada, o que nem sempre é o caso. Se concluir que está todo mundo certo, por favor, entre na dança. Mas atenção: faça o que fizer, apostando a favor ou contra o rebanho, para início de conversa, pense pela sua própria cabeça.

Há especuladores que têm como dogma ir contra a maioria, automaticamente. Afirmam-se pensadores ao contrário, ou os contrários. A filosofia deles é baseada no paradoxo que vimos examinando: com frequência, a boa hora de se comprar alguma coisa é quando parece menos atraente. Assim, você topará com contrários comprando ações nos buracos negros da depressão, ouro no auge dos demais mercados, esta ou aquela escola de pintura quando está todo mundo usando as telas como papel de embrulho.

O problema do *contrarismo* é que ele começa como uma boa ideia, se cristaliza e acaba como mais uma grandiosa ilusão de ordem. É bem verdade que a melhor hora de se comprar alguma coisa pode ser quando ninguém a quer. Mas comprar de maneira automática e impensada, só por isso, comprar só porque se trata de uma coisa que ninguém mais quer, parece uma bobagem tão grande quanto correr, irracionalmente, os riscos do rebanho.

O rebanho não está *sempre* errado. Se o valor de mercado de Trashworthy cair a US$0,10 o metro quadrado, talvez seja uma boa oportunidade de comprar. Por outro lado, quem sabe o rebanho não está certo em deixar para lá aquelas pinturas estranhas? Quem sabe só servirão mesmo para embrulhar o lixo?

No começo da década, e acho que com muita razão, quase todo mundo dava as costas para as ações da Chrysler. Àquela altura, se era arriscado pôr seu dinheiro em GM ou Ford, que andavam em baixa, comprar Chrysler era uma grande loucura. A empresa estava com o pé na cova. Um empréstimo do governo, em meio a amargos debates, mal a mantinha respirando; no longo prazo, o prognóstico era triste. O papel podia ser comprado por US$3 ou US$4. Ao emitir a sua pouco entusiasmada opinião sobre a Chrysler, o rebanho levava em conta a realidade objetiva: as chances de a empresa se recuperar eram infinitamente pequenas. A Chrysler parecia um caso terminal.

Hoje, é claro, com a visão perfeita de quem examina os fatos *depois* de ocorridos, percebemos que a opinião pública foi pessimista demais. Contra todas as probabilidades, contra todos os prognósticos, a Chrysler lutou e recuperou sua saúde. No final de 1983, a ação andava acima dos US$35. Se você tivesse comprado um ano e meio antes, teria multiplicado seu dinheiro por dez.

O que não modifica o fato de que, do ponto de vista de 1981, o papel era um grande tiro no escuro. Ao desprezá-lo, a maioria dos especuladores agia razoavelmente. Esse era um caso em que uma aposta contrária, ir automaticamente contra a maioria, teria parecido perfeitamente idiota.

Esse era um caso em que, realmente, pareceria sensato fazer uma exceção ao 1º Axioma Menor, que diz que só se aposta o que valer a pena. Até meados de 1982, jogar na Chrysler seria mais ou menos como comprar uma rifa ou um bilhete de loteria. Sabendo que as probabilidades são de uma em 1 milhão contra, você põe um dinheirinho só pela farra. Em 1981, se existisse uma lei dizendo que todos os contribuintes eram obrigados a investir em Chrysler, eu teria comprado *uma* ação.

Sei lá, quem sabe cem? Sempre é bom sonhar com seu dinheiro se multiplicando por dez em um ano e meio.

Estratégia especulativa

O 10º Grande Axioma ensina que a maioria, embora nem sempre esteja automaticamente errada, na maior parte das vezes está. Não se vai, automaticamente, a favor nem contra uma maioria. Principalmente a favor. Cada caso é um caso, e você tem de pensar pela própria cabeça antes de envolver seu dinheiro em riscos.

A maior e mais frequente pressão em cima de voce será a dos que querem obrigá-lo a ir *com* o rebanho. Essas especulações tipo "maria vai com as outras", adverte o Axioma, podem custar caro. É da natureza delas que você compre na alta e venda na baixa. A mais poderosa linha de resistência a essas pressões é a nítida consciência de sua existência e de seu insidioso poder.

11. O 11º Grande Axioma: DA TEIMOSIA

Se não deu certo da primeira vez, esqueça.

A perseverança é como o otimismo: sempre contou com críticas favoráveis. "Se não conseguiu da primeira vez, tente, tente de novo", teria dito um antigo rei inglês, depois de observar uma aranha tecendo sua teia após vários começos em falso. Para as aranhas, com certeza, é um bom conselho. Para os reis, que geralmente nascem ricos, também pode ser. Para as pessoas comuns, como você e eu, que damos duro para faturar algum dinheiro, é um conselho a ser considerado muito seletivamente.

Há inúmeras áreas da vida em que a perseverança pode nos ser muito útil. Em especulações, porém, embora existam momentos em que é de grande utilidade, há outros em que pode nos levar ao desastre.

Como? Um corretor da Merrill Lynch conta a seguinte história:

Ao longo de vários anos, até há pouco tempo, ele teve uma cliente obcecada com Sears, Roebuck. Tinha porque tinha que ganhar algum dinheiro com esse papel, ainda que isso a levasse à falência. E quase a levou.

Apaixonara-se por Sears, Roebuck enquanto trabalhava na área administrativa da Universidade de Chicago. A empresa, que tem sua sede em Chicago, sempre fora generosa com a universidade. Uma fabulosa doação foi a editora da *Encyclopaedia Britannica*, que era de propriedade da Sears, mas que, através de diversos acordos e contratos de direitos autorais, fazia desaguar seu verdadeiro caudal de receita nos sedentos cofres da universidade. Quando soube disso, nossa personagem ficou encantada. Ainda estudante, resolvera que, se um dia viesse a investir, só compraria ações de empresas que dessem boas contribuições à sociedade. Beirando os 40 anos e com algum dinheiro sobrando, resolvera que o que queria era Sears.

Não há nada de errado em escolher seus investimentos por critérios desse tipo, desde que não se esqueça de que está no mercado, principalmente, para ganhar dinheiro. Se você rejeita investimentos porque ofendem sua sensibilidade social ou política, isso pode limitar um pouco seu campo de ação, mas não muito. Existem inúmeras empresas, como a Sears, que são boas cidadãs e, ao mesmo tempo, faturam um caminhão de dinheiro quando as coisas andam bem.

Para começar, a mulher comprou um punhado de ações da Sears. Infelizmente, o papel não recompensou seu afeto Por motivos que ninguém, nem antes, nem depois, foi capaz de explicar, nos 12 meses seguintes a clientela resolveu ficar longe das lojas Sears e de seus famosos catálogos. E não só da Sears, mas também dos magazines em geral. As ações dos grandes varejistas como a Sears deram um mergulho.

Bem-aconselhada — veja o 3º Grande Axioma, "DA ESPERANÇA" —, ela liquidou a posição, absorvendo uma perda de 15% a 20%. Guardou o que sobrou no banco.

A ação ficou quase um ano de bobeira, nem pra cá, nem pra lá. De repente, para surpresa geral, deu um salto. Passou pelo ponto em que nossa personagem vendera e seguiu em frente. Boquiaberta e irritadíssima, ela ficou só olhando. Quanto mais o preço subia, mais zangada ela ficava. Sentia-se traída, seduzida e abandonada. Como a ação *ousava* fugir dela daquele jeito?

Segundo sua maneira de ver, a ação lhe devia algo. Nossa personagem pôs na cabeça que tiraria algum dinheiro dela, nem que tivesse de lhe torcer o pescoço.

Começava a sofrer um ataque de perseverança. Ligou para seu corretor e o informou de que estava tornando a comprar Sears.

O homem discutiu com ela. A ação estava um pouco alta. Tão alta que o dividendo anual ficaria abaixo de 4% do valor atual da ação, algo raríssimo na história da empresa. Teimosamente, ela insistiu. Queria voltar à Sears e fazer o papel pagar o que lhe devia.

Não pagou. Tornou a cair.

E assim foi, durante anos. A decisão de obter algum ganho com aquele papel cegou-a para todas as outras oportunidades, outras boas jogadas em que poderia ter entrado. Ela "caçava" a Sears, no pico das altas e no fundo das baixas, quase sempre perdendo dinheiro, porque a obstinação perturbava sua visão e não a deixava raciocinar com lógica.

Finalmente, em fins de 1982, ela teve a satisfação de possuir ações da Sears quando elas tiveram um bom desempenho. Parece que isso resolveu o problema da mulher. As ações haviam, finalmente, resgatado a dívida que tinham com ela.

Será mesmo? Todos aqueles anos em que ela estivera caçando a Sears o dinheiro dela poderia ter estado em outras transações — estas escolhidas racionalmente, pelos seus méritos, e não por teimosia. Algumas dessas transações poderiam tê-la enriquecido. A caça à Sears deixara-a apenas um pouquinho melhor do que no começo, tendo havido momentos em que, por se recusar a abandonar o papel, poderia ter acabado com pesados prejuízos. Somente por pura sorte é que ela encerrara sua busca obstinada com um pequeno lucro.

É por aí que se orienta um programa especulativo? Não, mas isso é típico dos investidores novatos. Mesmo os especuladores mais experimentados às vezes caçam um investimento, por pura teimosia, resolvidos a tirar leite de pedra a qualquer custo. Por razões que jamais entendi, Frank Henry vivia comprando e vendendo imóveis nos arredores de Morristown, em Nova Jersey, quando deveria estar com a atenção em outro lugar. Ele perdera dinheiro em uma transação imobiliária para aqueles lados, e não havia o que o fizesse ficar quieto e largar aquilo de mão. Eu tive o mesmo problema, certa vez, com a IBM, e até hoje não estou totalmente curado. O diabo da ação me deve um dinheiro, e embora nem negocie mais com ela, volta e meia eu me imagino comprando ou vendendo IBM a termo e enlouquecendo quando sobe e eu não estou na jogada.

É humano, mas é uma bobagem. Como um papel de investimento pode lhe "dever" dinheiro? Alguém pode lhe dever. Se a pessoa não pagar, está no seu direito cobrar, e ficar zangado se o comportamento irresponsável continuar. Porém, se você perder dinheiro em um metal precioso ou em uma obra de arte, é ilógico personificar o meio de investimento com ideias sobre "dever". Não apenas é ilógico, como também pode levá-lo ao comportamento do tipo caçador, que provavelmente vai lhe custar mais dinheiro ainda.

Digamos que você tenha perdido algum dinheiro em Sears. Claro que está a fim de recuperar o que perdeu. Mas por que essa recuperação *tem de ser com Sears*?

Um ganho é um ganho, venha da Sears ou de onde for. Não importa onde poderá consegui-lo, é dinheiro igual. Com todo um grande e maravilhoso mundo de opções aberto, por que ficar obcecado com o investimento no qual perdeu algum? Por que perseverar na Sears, num momento em que outros investimentos, racionalmente considerados, podem ser muito mais promissores?

As razões da perseverança são emocionais, e não são fáceis de explicar. Conforme observamos, a ideia de "dever" vem da personificação da entidade especulativa: "Esse investimento levou meu dinheiro. Eu vou ficar atrás dele até pegar o meu de volta, ou não me chamo Fulano de Tal!" Junto com isso vão vagos sentimentos de vingança: "Esse papel vai ver quanto custa me fazer de bobo!" E há também o desejo de ter razão, já estudado em outro Axioma: "No final, provei que estava certo!" Todas essas razões emocionais fervendo no mesmo caldeirão resultam em um estado de espírito em que o raciocínio do especulador vai para o espaço.

Pairar acima dessa tempestade emocional não é mais fácil do que outros ajustes internos a que um especulador tem de se obrigar, mas não há como não fazê-lo. Conforme observei, quando estudávamos outra difícil manobra mental, este não é um livro de aconselhamento psicológico, e eu não tenho nenhuma psicanálise instantânea a oferecer. Se você está com problema e não consegue resolver essa história de perseverar em uma operação que está dando prejuízo, talvez um papo com um amigo, com sua mulher ou com seu barman preferido possa ajudar. Um bom concerto ou um cineminha também são capazes de aliviá-lo, de fazer você esquecer seus problemas por algumas horas. Para mim, uma caminhada de uns cinco quilômetros é um santo remédio. Cada um acaba encontrando seu próprio caminho da salvação.

De algum modo, você tem de derrotar essa vontade de perseverar quando a perseverança o está levando para o buraco. O aforismo do antigo rei, no que se aplica à especulação, carece de revisão completa. Se não der certo de primeira, ao diabo com ele.

15º AXIOMA MENOR

Jamais tente salvar um mau investimento fazendo "preço médio"

A técnica conhecida como "preço médio" é uma das mais tentadoras armadilhas do mundo dos investimentos. É como aqueles sistemas garantidos, sem erro, de ganhar na roleta, que os camelôs vendem nos bares e nas ruas de Atlantic City e Las Vegas. Ao primeiro exame, o sistema parece absolutamente lógico, imbatível.

"Mas não é mesmo? Isso aqui deve funcionar, não é?", diz você, encantado, com os olhos bem arregalados.

O sistema de "preços médios" é a mesma coisa que esses da roleta: funciona algumas vezes, se você tiver sorte. Isso, naturalmente, ainda aumenta sua atração. Mas é preciso ter cuidado para não acabar enfeitiçado pela coisa. É uma rosa, mas com veneno nos espinhos.

Funciona da seguinte maneira: você compra cem ações da U-Lá-Lá Eletrônica, a US$100 cada. Não considerando a corretagem, para simplificar, seu custo terá sido de US$10 mil. As coisas vão mal, e o preço cai para US$50. Você parece ter perdido a metade de seu investimento, e se lamenta. Mas espere! Nem tudo está perdido! Seu amigo e vizinho, que jamais ganhou um centavo especulando mas conhece de cor e salteado todos os clichês do mercado, aconselha-o a melhorar sua posição fazendo um preço médio.

O que você tem de fazer, diz ele, é comprar mais cem ações dessa droga, agora pela pechincha de US$50 por ação. Então, ficará com duzentas ações. Seu investimento total é de US$15 mil. Seu preço médio por ação, então, cai para US$75.

Mágico! Aceitando o conselho do amigo e vizinho, você consegue fazer uma situação ruim parecer menos ruim. Pondo dinheiro novo na parada, é capaz de fazer com que o dinheiro velho pareça menos idiota.

Fazendo assim a média, diz seu conselheiro, não terá de esperar tanto para sair empatado. Não precisa esperar até o preço do papel voltar a US$100. Nas novas circunstâncias, só tem de esperar até US$75.

Uma beleza, não é?

Não exatamente. Quando você faz um preço médio, tudo que está fazendo é se iludir. Por mais voltas e cambalhotas que dê, não há como fugir ao fato de que pagou, *realmente*, US$100 por ação nas cem ações originais. Comprar mais cem delas a US$50 não modifica esse fato. Considerar o preço médio de US$75 pode fazê-lo se sentir um pouco melhor por algum tempo, mas não melhora em nada sua situação financeira.

O que toda essa confusa operação pode fazer por suas finanças, na verdade, é piorá-las muito. O preço da U-Lá-Lá caiu de US$100 para US$50 por ação. Presume-se que o mercado tenha lá suas razões para essa brusca diminuição no valor estimado da empresa. Quais são essas razões? Estude-as. Talvez sejam válidas. Talvez a U-Lá-Lá esteja diante de um longo período de poucos ganhos. Talvez o papel mereça que se fique um bom tempo longe dele. Se é esse o caso, que diabo você está fazendo, comprando mais dele?

Em qualquer situação em que se sentir tentado a reduzir seus custos pela média, pergunte-se o seguinte: "Se eu já não tivesse um pacote de U-Lá-Lá a US$100, compraria esse papel a US$50? É um investimento que eu escolheria hoje, com base apenas em seus méritos?" Se as respostas forem negativas, pare de jogar dinheiro sadio em um negócio doente.

Você pode concluir que as respostas são positivas. Como diz o 10º Grande Axioma, frequentemente é um bom negócio ir contra a maioria. Talvez seus cálculos o convençam de que os problemas da U-Lá-Lá não durarão tanto quanto todo mundo pensa, e que o nível de US$50, portanto, é uma verdadeira pechincha. Pode acontecer.

Mas certifique-se bem de que não se trata apenas de um desejo mágico seu. Se anda atrás de pechinchas, a Bolsa de Valores e outros mundos especulativos vivem cheios delas. Antes de despejar esses US$5 mil em seu segundo lote da U-Lá-Lá, pergunte-se: "Por que *neste* investimento em especial? De todas as pechinchas que andam por aí, será esta a que me parece mais promissora? Ou estarei apenas tentando me sentir um pouco melhor, fazendo preço médio?"

Como a perseverança, de modo geral — e aqui estamos falando de uma de suas variantes —, essa coisa de preço médio é capaz de toldar seu raciocínio. Decidido a tirar suas U-Lá-Lá da lama, você se concentra em U-Lá-Lá, em detrimento de qualquer outra especulação que pode vir a ser muito melhor.

Perdeu dinheiro em U-Lá-Lá e quer apanhá-lo de volta. Mas, como perguntamos a propósito da Sears, por que o ganho tem de vir da U-Lá-Lá? Não importa de onde venha, sempre será dinheiro, aceito em qualquer lugar. Livre-se dessa obsessão pela U-Lá-Lá e ampliará significativamente seu campo de escolha. Suas chances de obter o ganho que procura serão muito aumentadas.

Outro problema criado por essa dança de preços médios é que ela o leva a não prestar atenção no importante 3º Grande Axioma, "DA ESPERANÇA". Quando o barco começa a afundar, não reze. Abandone-o.

Conforme observamos ao estudar esse Axioma, a decisão de absorver um pequeno prejuízo, e de fazer isso rapidamente, não é fácil, e pode ser extremamente penosa. Fica se procurando desculpas para não o fazer, e uma delas é a de que se vai dar jeito em tudo reduzindo o preço pela média: "Ora, não preciso liquidar esta posição agora. Não tenho que fazer *nada* agora. Se o preço cair muito, eu compro mais um punhado, e faço preço médio..."

E lá fica você no convés do barco, valentemente se recusando a se mexer, enquanto as águas vão subindo à sua volta. Faz algum sentido? Não, mas você estava a fim de uma desculpa para não se mexer, e foi o que encontrou. Numa hora de medo como aquela em que se encontra, não se espera que você examine sua desculpa a fim de verificar se é lógica.

Frank Henry conheceu um camarada que chegava a se convencer a ser feliz quando suas especulações iam por água abaixo. Se ele comprava alguma coisa e o preço caía, o sujeito comprava mais e fazia preço médio. Quanto mais o preço caía, mais ele comprava e mais baixo ficava seu preço médio, e mais feliz ele ficava. Era um truque psicológico complicado, mas ele vivia contente. No entanto, não vivia rico. Durante anos ficou preso a alguns maus negócios, fazendo preço médio continuamente, e sempre acreditando que estava sendo espertíssimo.

Estratégia especulativa

Uma rápida revisão do 11º Grande Axioma. O que ele o aconselha a fazer com seu dinheiro?

Diz que perseverança pode ser uma boa ideia para aranhas e reis, mas, para especuladores, não é lá essas coisas. Certamente, você pode perseverar em seus esforços para aprender, melhorar e ficar mais rico. Não caia, porém, na armadilha de perseverar na tentativa de arrancar um ganho de uma única especulação.

Não saia caçando um investimento por pura teimosia. Rejeite qualquer sensação de que determinado investimento lhe "deve" alguma coisa. E não engula a ideia, tentadora porém falaciosa, de que é possível melhorar uma situação ruim fazendo preço médio.

Dê importância à liberdade de escolher seus investimentos apenas pelos méritos deles. Não abra mão dessa liberdade a troco de ficar obcecado com uma transação que não deu certo.

12. O 12º Grande Axioma: DO PLANEJAMENTO

Planejamentos de longo prazo geram a perigosa crença de que o futuro está sob controle. É importante jamais levar muito a sério seus planos de longo prazo, nem os de quem quer que seja.

George e Martha se conheceram e se casaram na década de 1940. George era contador, empregado em um pequeno escritório de contabilidade. Martha era secretária em uma corretora de seguros. Como era o costume da época, pouco depois do casamento Martha largou o emprego e se tornou dona de casa e mãe de família. O salário de George não era muito alto, mas era estável, como ele. O mundo parecia um lugar seguro e aconchegante. Para torná-lo ainda mais seguro e aconchegante, por sugestão do pai de Martha, pequeno comerciante, o jovem casal foi visitar um conselheiro de finanças e montou um Plano de Longo Prazo.

Considerava-se isso uma coisa prudente, sensata e perfeitamente admirável de se fazer; até hoje pensa-se assim. Como dizem os grandes sábios, todo jovem casal deve ter um plano. As pessoas que tinham planos e as que não tinham eram comparadas à cigarra e à formiga da fábula de Esopo. A severa e prática formiga trabalha durante todo o verão, pensando no inverno que vem pela frente, enquanto, sem planos, a cigarra se deixa ficar ao sol, cantando. No final, como se sabe, a pobre e velha cigarra tem de ir lá, com o chapéu na mão, mendigar comida, enquanto a formiga tem o prazer de dizer:

"Pois é, bem que eu avisei..."

Na vida real, porém, na maioria das vezes é a formiga que acaba com seu formigueiro fumigado ou arrasado por um trator. Isso é o que acontece com quem tem raízes (ver o 6º Grande Axioma), e, em boa parte, as raízes nascem dos planos de longo prazo. A cigarra, por viajar mais leve, altera o rumo do voo e sai da frente.

Atualmente, George e Martha estão na casa dos 60 e poucos anos, aposentados. E praticamente quebrados. Se viverem muito mais, acabarão totalmente quebrados, falidos, vivendo da caridade pública. Quase nenhum dos elementos do plano de longo prazo deles funcionou como deveria.

Na década de 1940 achavam que gostariam de se aposentar com uma renda de US$700 por mês, contando a pensão privada e a do governo. Isso dá US$8.400 anuais, quantia que nos anos 1940 era dinheiro que não acabava mais. Na realidade, na maioria das classificações de renda, o nível mais alto costumava ser de "US$7.500 ou mais". Ninguém conhecia quem ganhasse acima disso.

Hoje em dia, lógico, dependendo do lugar, US$700 por mês são suficientes para pagar o aluguel de um quarto e sala, mas não para comer no mesmo mês. Se você insistir em se alimentar, e ainda quiser dinheiro para se vestir, para contas médicas e outras despesas, então, terá problemas.

O plano de longo prazo de George e Martha incluía a compra de uma casinha na qual viveriam aposentados, felizes para sempre. Comprariam a casinha à vista, a fim de não terem de se preocupar com prestações todo mês. Com isso em mente, o plano previa que teriam economizado, ao atingirem 65 anos, US$20 mil. Nos anos 1940, com US$20 mil você comprava duas casas e ainda sobrava troco para um carro. O plano não contava que, nos anos 1980, o que então era um dinheirão mal compraria uma casinha de cachorro.

De qualquer forma, George e Martha não têm os US$20 mil. A caminho da pobreza, foram atingidos por algumas despesas inesperadas (isso acontece com todo mundo) e alguns infortúnios (idem).

Em meados da década de 1960 o patrão de George foi apanhado em uma situação complicada envolvendo a falsificação do balanço de algumas empresas, e perdeu o escritório de contabilidade. O emprego de George foi para o espaço e, junto, foi-se o plano de aposentadoria privada de nosso personagem. Depois de longa busca, ele conseguiu outro emprego, mas jamais chegou perto dos US$700 de aposentadoria mensal que ele e Martha planejavam. Depois de se aposentarem, tiveram de recorrer às suas economias. Embora as reservas de que dispõem sejam remuneradas com juros três vezes maiores que o previsto (nos anos 1940, juros de 2% ou 3% eram a regra), o capital deles derrete a olhos vistos.

Moram em um pequeno apartamento que não dá para nada, vivem de feijão enlatado e passam a maior parte do tempo perplexos, perguntando-se o que aconteceu.

Duas coisas: planejamento e, em seguida, o inesperado.

George e Martha prenderam-se demais ao seu plano. Deitaram raízes nele. Em sua cinzenta carreira, George teve várias oportunidades de entrar por caminhos muito mais promissores. Um amigo, por exemplo, convidou-o para um negócio juntos. O amigo queria montar um escritório de contabilidade em sociedade com George. Esse escritório e esse amigo hoje estão muito prósperos. Quando a oportunidade apareceu, porém, George teve muito medo. O risco parecia grande demais. Ele e Martha se esconderam no aconchegante conforto de seu plano. Achavam que *não precisavam* correr nenhum risco. A vida deles estava todinha planejada. O plano lhes garantia uma velhice confortável, uma casinha e uma pequena renda. Com esse pássaro na mão, para que dois voando?

Foi assim que eles se deixaram iludir pelo seu próprio plano de longo prazo. Não lhes passou pela cabeça que o pássaro que acreditavam ter na mão iria bater asas e voar.

Como diz o 12º Grande Axioma, planejamentos de longo prazo geram a perigosa crença de que o futuro está sob controle. Poucas crenças são mais perigosas do que esta.

Olhando à frente, mal consigo divisar a estrutura básica da próxima semana. A continuidade dos acontecimentos só dá para isso.

Numa quarta-feira, talvez, posso me sentar e armar algum tipo de planejamento financeiro para a quarta-feira seguinte. Com certa margem de erro, sou capaz de uma previsão razoavelmente confiável do valor de meus investimentos e dos de minha mulher — ações, imóveis, contas bancárias, prata e tudo mais — daqui a uma semana. Mesmo um plano ou uma previsão desse tipo pode acabar de modo ridiculamente errado, é claro. Tanto quanto sei, a Bolsa pode despencar antes da quarta-feira que vem. Eu posso passar com o carro em cima do dedão de alguém e acabar com um processo que me arranque até o último níquel, sei lá. De qualquer forma, para um plano de sete dias, eu ainda me garanto. A visibilidade não é lá essas coisas, mas dá-se um jeito.

Um mês à frente, e a visibilidade já cai muito; um ano, e já está quase tudo opaco. Dez anos... vinte... Bem, aí já não se enxerga mais nada. Nem formas vagas, nem contornos, nada, nada *mesmo*. É como tentar, em Londres, pela madrugada, enxergar através daqueles nevoeiros que os ingleses chamam de "sopa de ervilha". É totalmente impossível saber o que virá pela frente.

E se você não consegue enxergar o objetivo de seu plano, como vai traçar um plano inteligente?

Planejar para um futuro que não se vê? Para mim, isso parece uma grande bobagem. Contudo, vendedores de seguros de vida, assessores de investimentos e demais especialistas vivem insistindo que é isso mesmo que você tem que fazer, e inúmeras famílias, principalmente famílias jovens, continuam a fazê-lo. Como no tempo de George e Martha, até hoje ainda acham que é muito louvável fazer planejamentos de longo prazo. E os resultados continuarão sendo mais ou menos os mesmos.

Um planejamento é uma ilusão de ordem para toda a vida. Economistas, assessores financeiros e o pessoal que vende planos de aposentadoria privada para daqui a vinte anos falam como se o mundo do dinheiro fosse um lugar com muita ordem, em que as mudanças se processam lenta e previsivelmente, como uma árvore crescendo. Espiando o próximo século, enxergam um mundo financeiro exatamente igual ao nosso, mais igual até. Maior, mais automatizado, mais isto, mais aquilo. Chegam a essas tranquilizadoras conclusões observando as tendências que caracterizam nosso mundo hoje, e jogam essas tendências para o futuro. Tudo muito organizado, e aí dá para cozinhar uma porção dc planejamentos de longo prazo.

O que esses planejadores esperançosos esquecem, ou preferem ignorar, é que o mundo do dinheiro se parece com uma árvore crescendo, mas só em um sentido muito limitado. É ridículo achar que simplesmente examinando as tendências de hoje é possível enxergar o mundo futuro. Nos próximos vinte anos, algumas dessas tendências certamente desaparecerão ou virarão ao contrário. E ninguém é capaz de dizer quais. Tendências completamente novas surgirão, aparecerão fatores com os quais a gente nem sonha hoje. Eventos totalmente imprevisíveis nos apanharão de surpresa. Mercados entrarão em alta de forma explosiva, outros simplesmente explodirão; revoluções, guerras, falências, calamidades: quem é capaz de dizer o que virá pela frente?

O mundo no qual serão conduzidos os seus assuntos financeiros, daqui a vinte anos, está oculto por trás de uma cortina que não deixa passar nem uma réstia de luz. Não se pode nem saber se existirá um mundo do dinheiro, se existirá o dólar, ou o que comprar com US$1. Isso posto, não faça nenhum plano de longo prazo, nem deixe ninguém fazê-lo por você. Só serviria para atrapalhar. Em vez disso, viaje leve como a cigarra. Em vez de tentar organizar sua vida para acomodar coisas imprevisíveis, no futuro, reaja aos fatos à medida que forem surgindo, no presente. Quando enxergar uma oportunidade, corra atrás; quando vir o perigo, dê o fora.

No que se refere a dinheiro, tudo que precisa, em matéria de planejamento de longo prazo, é da intenção de ficar rico. *Como*, exatamente, é algo que você não pode saber, a não ser nas linhas mais genéricas. Eu gosto de ações e, em geral, estou afundado nelas até as orelhas. O meu *como*, então, presumo eu, terá algo a ver com essa área de especulação. Mas é só isso que eu sei sobre o meu futuro financeiro, e é só isso que tentarei saber. O único tipo de preparação que posso fazer para o século que vem, portanto, é continuar estudando o mercado, continuar aprendendo, melhorando. Se dá para chamar algo tão vago como isso de plano, tudo bem, esse é meu plano.

O seu deve ser igualmente solto, sem amarras. Decida-se a aprender tudo que houver para aprender sobre os negócios que mais o atraem. Porém, jamais perca de vista a probabilidade... não, a certeza, melhor dizendo, de que seu meio especulativo e as circunstâncias que o afetam se modificarão de forma que você não é capaz de imaginar agora. Não se deixe prender, não deite raízes como a formiga; não queira ser uma vítima em potencial do trator do destino.

16º AXIOMA MENOR

Fuja dos investimentos de longo prazo.

Um executivo da União de Bancos Suíços, casa paterna de Frank Henry, contou-me a triste história de uma investidora de longo prazo, Paula W. (pseudônimo), que foi praticamente arrasada pelo já mencionado trator do destino.

Paula começara sua vida adulta como operária de uma linha de montagem da Ford. Valendo-se dos generosos programas educacionais da empresa, abriu caminho até os níveis gerenciais. Ao longo do percurso, foi acumulando alguns milhares de ações ordinárias da Ford. O marido morreu quando Paula tinha 50 e poucos anos, deixando-a como proprietária de uma grande casa em um subúrbio de Detroit e de um apartamento na Flórida, imóveis que agora já não lhe interessavam mais. Resolveu vender os dois, fazer um acordo com a Ford para antecipar sua aposentadoria, pôr todo o seu dinheiro em ações dessa empresa e viver feliz para sempre, recortando cupões de dividendos.

Tudo isso ocorreu no final dos anos 1970. A essa altura a Ford pagava um dividendo de US$2,60 por ação. Juntando as ações novas com as que já possuía, Paula ficou com umas 20 mil, que rendiam, então, cerca de US$52 mil por ano. Essa cifra era totalmente taxada pelo Imposto de Renda (exceto a dedução de US$100, permitida pelo generoso governo); suplementada, porém, pela pensão que recebia, era o bastante para nossa Paula viver confortavelmente, em segurança.

Sua corretora telefonou-lhe uma ou duas vezes alertando para os problemas que pareciam estar se armando na indústria automobilística. A mulher sugeriu que talvez fosse uma boa ideia vender as ações antes que as cotações caíssem. Se Paula estava interessada principalmente em renda, por que não considerar trocar de posição, comprar alguma boa companhia de serviço público? Tradicionalmente, essas companhias distribuíam boa parte de suas receitas sob a forma de dividendos. Os preços dos papéis não se mexiam muito, mas os dividendos andavam geralmente na faixa de 9% a 15% — duas ou três vezes mais do que pagavam outras companhias.

Mas Paula disse que não, que preferia continuar com a Ford. Conhecia a empresa, confiava nela, sentia-se confortável com aquele papel. Quanto a uma possível queda de preço, isso não lhe causava preocupação. Era um investimento de longo prazo. Não tinha a intenção de vender em um futuro próximo. A não ser uma ou duas vezes por ano, nem olhava o jornal para saber a quantas andava. Subiu um pouquinho, desceu um pouquinho — para que ela iria se chatear? Estava acima dessas miudezas. De suas ações, só queria um belo cheque gordo a cada trimestre. Fora isso, disse ela à corretora, desejava que ficassem trancadas em um cofre e fossem esquecidas.

Em 1980 a Ford reduziu seu dividendo de US$2,60 por ação/ano para US$1,73. A renda de Paula caiu para US$34.600.

Conforme vimos em outro contexto, em 1980 os problemas da indústria automobilística começaram a se agravar, inclusive os da Ford. Paula deveria ter saído muito antes, mas havia criado raízes.

Em 1981 o dividendo da Ford foi reduzido a US$0,80, e Paula recebeu US$16 mil nesse ano.

No ano seguinte, a Ford não pagou dividendo algum. Paula, desesperada, durante esse triste ano teve de vender cerca de 4 mil ações, a fim de fazer dinheiro para viver e pagar as dívidas acumuladas. A essa altura, naturalmente, a cotação das ações estava horrivelmente baixa. Ela foi obrigada a vender por muito menos do que havia comprado.

Em 1983 a Ford começou a sair do buraco. Declarou um dividendo de US$0,50. No começo desse ano sobravam a Paula apenas 16 mil ações e, ao longo do ano, ela teve de vender outras 2 mil. Seus dividendos, em 1983, ficaram por volta de US$7 mil.

Em 1984 as coisas se apresentaram um pouco melhores. A Ford pagou dividendos de US$1,20. Com as 14 mil ações que lhe restavam, Paula recebeu US$16.800. Manteve-se viva, mas não fora isso que previra em seu planejamento de longo prazo.

Jesse Livermore escreveu: "Acredito que o dinheiro perdido em especulações [de curto prazo] seja uma ninharia comparado às gigantescas somas perdidas pelos assim chamados investidores que deixam seus capitais empatados durante muito tempo em um só negócio. Do meu ponto de vista, os investidores [de longo prazo] são os grandes jogadores. Fazem uma aposta, plantam-se nela e, se algo der errado, podem perder tudo. O especulador inteligente agirá de forma rápida, mantendo suas perdas em um patamar mínimo."

Conforme já vimos, Livermore não teve 100% de sucesso como especulador. Não apenas ganhou quatro fortunas, como as perdeu, e, finalmente, por alguma tragédia pessoal, perdeu a vida. Mas quando seu motor especulativo estava em ordem e bem-lubrificado, ele parecia um Rolls-Royce. Valia a pena escutá-lo.

Vamos, então, prestar atenção a esta sua sentença básica: "Os investidores [de longo prazo] são os grandes jogadores."

É a pura verdade. Apostar no amanhã já é um risco. Apostar num dia daqui a vinte ou trinta anos é uma loucura total.

Investimentos de longo prazo, como tantos outros procedimentos falaciosos que já vimos, têm lá seus encantos. O maior deles, talvez, é que o aliviam de ter de tomar decisões constantes e talvez penosas. Você toma uma só — "compro isto e esqueço" — e relaxa. Isso atrai os preguiçosos e os covardes — e nós todos temos muito dessas duas qualidades. Além do mais, o fato de termos um pé-de-meia acoplado, como a maioria dos pés-de-meia, a algum plano de longo prazo, proporciona uma espécie de calor na barriga, uma sensação de pura felicidade. A vida está todinha planejada! Nada pode acontecer com você! Pelo menos é o que você pensa.

Outra beleza dos investimentos de longo prazo é o que você economiza em comissões de corretagem. Quanto mais você entra e sai de coisas como ações, moedas ou imóveis, mais pagará de comissões e outras despesas e taxas. No caso de imóveis, em que as comissões são significativas, isso pode ter importância, mas, na maioria dos outros negócios que envolvem corretores, é pouco mais que a picada de um mosquito. Mesmo assim, há muitos investidores de longo prazo que se valem da história das comissões como justificativa para sua imobilidade.

Seu corretor preferiria que você fosse um especulador do tipo ligeiro, que entra e sai rapidinho, em vez do tipo coqueiro, que fica plantado. Quanto mais você se mexer, mais seu corretor ganha. Nesse caso, o interesse dele coincide perfeitamente com o seu.

Não deite raízes. Cada investimento deve ser reavaliado, no mínimo, a cada três meses, tendo de se justificar novamente. Pergunte-se sempre: "Se esse investimento me fosse oferecido hoje, pela primeira vez, eu colocaria meu dinheiro nele? Está marchando na direção da posição de saída que eu estabeleci?"

Isso não quer dizer que você deve ficar pulando de galho em galho, só pela farra. Mas se as circunstâncias se modificaram depois de ter feito o investimento, se ele vem caindo, se a posição de saída está ficando mais longe em vez de mais perto, se você vê outra coisa que, à luz das novas circunstâncias, parece evidentemente mais promissora, pule fora.

A pressão para se ficar plantado em um pé-de-meia não vem apenas de nossa covardia, preguiça ou de outro problema íntimo qualquer. O mundo à nossa volta também aplica uma pressão enorme.

Muitas grandes empresas de capital aberto, por exemplo, oferecem arranjos aparentemente atraentes, pelos quais os empregados podem investir em suas próprias ações. Você assina um papel se comprometendo a investir certa quantidade por mês, e, para facilitar, algumas empresas descontam em folha e compram as ações em seu nome. Você nem vê a cor do dinheiro. Um investimento sem dor!

Pelo menos é o que lhe dizem. O que esse tipo de negócio faz é arraigar você em um lugar onde, quem sabe, você nem queira sempre ter suas raízes. Qual teria sido o sentido, por exemplo, de ficar preso num investimento de longo prazo na GM, nas duas últimas décadas? Em 1971, o papel era negociado acima de US$90. Desde então, não chegou nem perto.

Corretores e outros agentes de várias formas de especulação oferecem o que, em geral, chamam de planos "convenientes" de investimento mensal. Para comprar o que determinou, você entra com tanto por mês. Isso não o prende, inexoravelmente, em um investimento a longo prazo, mas a tendência é essa. O risco nesse tipo de investimento é que ele o estimula a bolar um plano de longo prazo: "Então, vamos ver. Se eu investir tanto por mês em Oba-Oba Computadores e se o preço da ação aumentar, modestamente, 10% ao ano... Nossa, quando eu fizer 65 anos terei tantos milhares de dólares! Estarei rico!"

Não conte com isso, meu amigo.

Vendedores de fundos mútuos acenam com dezenas de atrativos diante de seus olhos esbugalhados. Esse pessoal também tem seus convenientes planos mensais. Você receberá lindos gráficos em quatro cores, mostrando, por A mais B, como teria sido inteligente você ter se agarrado aos planos deles pelos últimos vinte anos. Ou, se o desempenho deles tiver sido tão miserável que não há gráfico de quatro cores que dê jeito, haverá outros gráficos, igualmente bonitos, mostrando o deslumbrante futuro que você terá se assinar nesta linha pontilhada aqui.

Também temos a indústria do seguro de vida. Esse é um mundo espantosamente complexo. Para irmos ao cerne da questão, porém, diremos que existem dois tipos de seguro de vida: o que o prende em um investimento de longo prazo e o que não o prende. Fuja do primeiro.

Seguro de vida com investimento de longo prazo — às vezes chamado de vida "total", mas que tem uma porção de outros nomes — pode acabar de duas maneiras: render um bom dinheiro aos seus herdeiros, no caso de você passar desta para a melhor, ou pagar-lhe uma anuidade, ou numa bolada só, caso você se mantenha no jogo depois de certa idade. Sob todas as suas mais variadas formas — e bota variadas nisso —, uma coisa não muda nunca: custa os olhos da cara.

O vendedor, sobriamente vestido, delicado, que espalha aqueles folhetos diante de seus olhos e fala com temor reverencial em planos de longo prazo, deseja com sinceridade que você compre esse tipo de seguro de vida. Se você embarcar, ele fatura uma comissão substancial. Ele está a fim de ver você comprometer seu rico dinheirinho por vinte ou trinta anos; para ele, porém, o negócio tem um prazo muito menor que para você. Muito provavelmente, é do tipo "comissão da frente", ou seja, já nos dois ou três primeiros anos do seguro ele recebe boa parte das comissões sobre esses vinte ou trinta anos.

Seu principal argumento de venda será que você não está *comprando,* mas *investindo.* Se tudo der certo, você acabará recebendo de volta o que tiver colocado, ou boa parte. Enquanto isso, se esticar as canelas antes do planejado, sua família estará protegida. Beleza, não?

Não. O que esse vendedor está querendo que você faça é pura loucura. Ele quer que você invista milhares de dólares, por um período de alguns anos, contra um futuro muito, muito distante. E como você sabe como será o mundo no futuro? Aí sentado, hoje, como pode saber que daqui a dez ou vinte anos estará a fim de investir em um esquema de anuidade como esse? Quem sabe se o mundo não vai mudar de tal maneira que essas anuidades não valerão mais nada? Então, para que se prender a um esquema desse tipo?

Se tem dependentes que, sem você, terão problemas financeiros, proteja-os comprando as formas mais baratas de seguro de vida. Só pagam se você morrer, mas essa é a ideia. Você não se prende a nada. Se chegar um momento em que seus dependentes já não precisem mais de você, ou se outras mudanças ocorrerem em sua vida, você simplesmente deixa de pagar o prêmio, e tudo bem. Enquanto isso, como os prêmios são baixos, você fica com dinheiro para investir em outras coisas mais interessantes que seguros de vida.

Tudo o que você pode saber sobre o futuro é que, quando chegar, chegou. Não dá para ver a cara que terá, mas você pode ao menos se preparar para reagir às suas oportunidades e aos acasos. Não tem a menor graça ficar aí parado e esperar que ele o atropele.

Estratégia especulativa

O 12º (e último) Grande Axioma adverte para a futilidade e os riscos de se planejar para um futuro que não se pode enxergar. Não deite raízes em planos ou investimentos de longo prazo. Em vez disso, reaja aos fatos à medida que forem se apresentando, no momento. Ponha seu dinheiro em negócios também à medida que se apresentam e tire-os dos riscos assim que eles aparecerem. Valorize a liberdade de movimentos que lhe permitirá agir assim. Jamais assine qualquer papel que comprometa essa liberdade.

O 12º Grande Axioma diz que só existe um plano financeiro de longo prazo de que você precisa: o plano de ficar rico. Não dá para saber nem para planejar o *como*. Tudo que você tem de saber é que irá conseguir, de um jeito ou de outro.

best.
business

Este livro foi composto na tipografia Palatino LT Std,
em corpo 10,5/15, e impresso em papel off-set 75g/m² no Sistema
Cameron da Divisão Gráfica da Distribuidora Record.

TAMBÉM DISPONÍVEL EM EDIÇÃO DIGITAL. ISBN DO EBOOK: 978-85-68905-46-3